この本で使っている略号

他…他動詞　自…自動詞　形…形容詞　副…副詞
名…名詞　類…類語　反…反意語

Track 12　動詞 ❷ 予約する

⑯ **book** [búk]

他 予約する

bookは動詞として使うと「予約する」の意味で、reserveと同じです。overbookなら「定員以上に予約を取る」です。

I booked a cheap hotel in the suburbs.
私は郊外の格安のホテルを予約した。

⑰ **reserve** [rizə́ːrv] 他 予約する
reserve a table for two　二人用のテーブルを予約する

⑱ **enroll** [inróul] 自 登録する；入学する
enroll in an English course　英語コースに登録する

⑲ **register** [rédʒistər] 自 登録する
register for the competition　コンペに登録する

⑳ **subscribe** [səbskráib] 自 定期購読する；加入する
subscribe to an online service
ネットサービスに加入する

27

例文

見出し語の用法やニュアンスがわかる例文です。できるだけシンプルな文・フレーズをつくりました。

一緒に覚えよう

グループ化されたページでは、見出し語+関連4語をまとめて紹介します。一気に覚えてしまいましょう。

キャラクターの紹介

LINEスタンプでも人気のカナヘイの小動物キャラが登場

小動物と女の子

のほほん系女の子と、あちらこちらでピャッと現れる小動物。

ねーねーねこ

語尾がなにかと「ねー」のねこ。

ピスケ&うさぎ

おちゃらけ小動物
うさぎと
生真面目な鳥
ピスケ。

敬語うさぎ

ゆるい敬語で
日々がんばっている
うさぎ。

もくじ

応用編

TOEIC英単語の覚え方 5つのポイント

① どんな単語を覚えればいいの？

TOEICで使われる単語は決して難しくありません。高校まででで学んだ英単語が身についていれば、TOEICに特徴的な単語を上積みすることで、このテストに対応する語彙力を手にすることができます。

学校英語に出なくて、TOEICによく出る単語は「ビジネス」と「生活」に関係する単語です。単語を上積みするには、動詞・形容詞・副詞・名詞を含めて「ビジネス」「生活」でよく使う単語に焦点を当てて学習を進めましょう。

② 何語くらい覚えればいいの？

何語覚えるべきかは、現在の語彙力によるので、個人差があると思います。一般的に言って、高校までの単語がある程度しっかりしているなら、本書の600語を覚えることで、TOEICに対応できる単語のベースができます。

TOEICには決まった単語が繰り返し出る傾向があります。600点を目指すなら、まず本書の600語をマスターするようにしましょう。

③ 知っている単語をどんどん増やしていこう

知っていなければ読めないし、聞き取れません。どんどん覚えていって、知っている単語の数を増やしていきましょう。

本書を通して読んで、まず知っている単語と知らない単語の仕分けをしましょう。知らない単語は何度も繰り返して学習しましょう。

単語を覚える際にはただ目で見るだけでなく、音声を利用して耳で聞いたり、発音記号を見て自分でも発音したりするといいでしょう。さまざまな感覚を動員すると、より確実に身につきます。

④ 重要語は用法も知っておこう

単語には意味さえわかればいいものもありますが、用法を知っておかなければならないものもあります。

動詞applyを「応募する」の意味で使うときには、目的語を導くのに前置詞のforやtoが必要になります。形容詞next（近くの）に対象を続けるときの前置詞はtoです。動詞locate（位置づける）は受け身にして、A is located in B.（AはBに位置する）と所在地を示す表現としてよく使います。

こうした単語は意味だけでなく、例文を利用して用法を知っておきましょう。

⑤ 単語集と問題集を併用しよう

覚えた単語が実際に使われている場面に遭遇すると、しっかりと定着するものです。なので、単語集を使いながら、「公式問題集」などで問題を解いていく実戦的な学習を併用することをお勧めします。「公式問題集」には出てきた重要語をまとめたコーナーがあるので、そこで知らない単語を補強することもできます。

単語集と問題集を併用するのがTOEICの準備学習には効果的です。

音声ダウンロードのしかた

STEP 1

商品ページにアクセス！　方法は次の3通り！

❶ コードを読み取ってアクセス。

❷ https://www.jresearch.co.jp/book/b630585.html を入力してアクセス。

❸ Jリサーチ出版のホームページ（https://www.jresearch.co.jp/）にアクセスして、「キーワード」に書籍名を入れて検索。

STEP 2

ページ内にある「音声ダウンロード」ボタンをクリック！

STEP 3

ユーザー名「1001」、パスワード「26004」を入力！

STEP 4

音声の利用方法は2通り！
学習スタイルに合わせた方法でお聴きください！

❶「音声ファイル一括ダウンロード」より、ファイルをダウンロードして聴く。

❷ ▶ボタンを押して、その場で再生して聴く。

※ダウンロードした音声ファイルは、パソコン・スマートフォンなどでお聴きいただくことができます。一括ダウンロードの音声ファイルは.zip形式で圧縮してあります。解凍してご利用ください。ファイルの解凍が上手く出来ない場合は、直接の音声再生も可能です。

音声ダウンロードについてのお問合せ先
toiawase@jresearch.co.jp（受付時間：平日9時～18時）

スタート編

超必須単語10

TOEICにゼッタイ出る
超必須の10語からスタートしましょう。
TOEICの世界に入っていく
ファーストステップです。

1 ship [ʃíp]

他 発送する；出荷する

shipは「船」という名詞でおなじみですが、TOEICでは動詞として「発送する」の意味で使います。ship an orderで「注文品を発送する」です。名詞はshippingなら「発送；海運（業）」、shipmentなら「発送（品）」になります。なお、荷物などを配送先に「届ける」にはdeliverを使います。

We've already shipped your order.

お客様の注文品はすでに発送しました。

② apply [əplái]

自 応募する；申し込む；適用される
他 適用する

仕事や賞などに「応募する；申し込む」の意味では自動詞として使い、〈apply for/to A〉（Aに応募する［申し込む］）の形をとります。また、自動詞で〈apply to A〉（Aに適用される）、他動詞で〈apply A to B〉（AをBに適用する）という用法もあります。

I applied for the manager position of the carmaker.
私はその自動車会社のマネジャー職に応募した。

These new rules apply to all workers.
これらの新しい規則は労働者全員に適用される。

③ conduct [kəndʌ́kt]

他 行う；指揮する

業務などを「行う」の意味で、ビジネスで多用される動詞です。conduct business（事業を行う）、conduct a campaign（キャンペーンを行う）のように使います。conduct an orchestra なら「楽団を指揮する」です。

The company is conducting a one-month discount campaign.

その会社は1カ月間の割引キャンペーンを行っている。

4 promote [prəmóut]

他 促進する；
昇進させる

promote growthで「成長を促進する」、promote a new productなら「新製品を販売促進する」です。「昇進させる」の意味では受け身で使うことが多いです。名詞のpromotionも「促進」「昇進」の2つの意味があります。

We built a website to promote our new hotel.
私たちは新しいホテルの販売促進をするため
ウェブサイトを開設した。

She was promoted to sales manager.
彼女は販売部長に昇進した。

5 require [rikwáiər]

他 必要とする

〈require A to do〉(Aが〜するよう求める)、〈be required to do〉(〜することが必要である)の用法が重要です。形容詞のrequired(必要とされる)、名詞のrequirement(要件)もよく出るので覚えておきましょう。

All staff is required to wear their name tags in the office.

スタッフは全員が社内では名札を着用することが求められます。

6 complete [kəmplíːt]

他 完了する

形 完全な；完了した

completeは動詞・形容詞の両方で使います。動詞としてはcomplete the job（仕事を完了する）、形容詞ではa complete set（完全なセット）、The test is complete.（テストは完了した）のように使います。名詞はcompletion（完了）です。

When will you complete the research?

いつその調査を完了する予定ですか。

This is a complete list of movie theaters in Tokyo.

これは東京の映画館の完全なリストです。

7 familiar [fəmíljər]

形 よく知っている；よく知られている

〈be familiar with 物事〉（[人が] 物事をよく知っている）、〈be familiar to 人〉（[物事が] 人によく知られている）の2つの形を覚えておきましょう。名詞はfamiliarity（親しみ；精通）です。

She is familiar with that country.
彼女はその国のことをよく知っている。

That country is familiar to her.
その国は彼女にはおなじみだ。

8 due [djúː]

形 期限が来て；～する予定で

dueは納期・支払期限・予定などを表すのに使う形容詞で、due dateは「締め切り日」、the amount dueなら「未払い（支払うべき）金額」のことです。また、〈be due to do〉（～する予定である）という形もよく出るので覚えておきましょう。

The payment is due today.
その支払いは今日が期限です。

The next train is due to leave at seven.
次の電車は7時に発車します。

9 survey [sə́ːrvei]

名 調査；アンケート

他 [sərvéi] 調査する

マーケティングの重要語の一つで、名詞も動詞も同じ形（アクセントが異なる）です。名詞ではconduct a survey（調査を行う）、動詞ではsurvey customers（顧客を調査する）のように使います。類語にquestionnaire（アンケート）があります。

Please take a few minutes to fill out our survey.

数分のお時間を取っていただき、私たちのアンケートにご記入ください。

90% of the customers surveyed said they were satisfied.

調査された顧客の90%が満足していると話した。

⑩ expense ［ikspéns］

名 費用；経費

travel expensesで「交通費」、entertainment expensesで「交際費」です。形容詞のexpensiveは「値段が高い」で、反意語のinexpensive（値段が安い）と一緒に覚えておきましょう。動詞はexpend（費やす）です。

A room with a sea view needs additional expenses.

海の見える部屋にするには追加の費用がかかる。

TOEICは どんな試験なの？ その1

スコアは5点刻み、英語力を正確に評価する

TOEIC® L&R TESTは、毎年約200万人が受験する日本で最もポピュラーな英語テストの一つです。リスニングとリーディングの両技能を評価します。TOEICと名の付くテストには他に、TOEIC® Speaking & Writing TESTsなどがあります。

英検（実用英語技能検定）も有名ですが、TOEICとは特徴が異なります。英検が英語力一般の技能を測るのに対して、TOEICはビジネスに使う英語力を評価するテストであることです。また、英検が合否の判定（点数も示される）を行うのに対して、TOEICは5点刻みのスコア（10〜990）で成績を出します。

就職に有利、600点が最初の目標

ビジネスの特徴が強いため、多くの企業が求人や人事評価の際に応募者・社員の英語能力の指標としてTOEICのスコアを用いています。

就職の際には一般的に600点以上であれば英語力を評価されます。大学生の人はまず600点を目標にするようにしましょう。現状が400点くらいでも半年〜1年あれば600点まで引き上げることは可能です。

外資系企業などでは高得点が求められることがあります。

基礎編

頻出動詞110

TOEICの問題を解くカギになる重要な動詞です。
18の単語グループと20語のリストで紹介します。
例文で用法もチェックしておきましょう。

⑪ inform [infɔ́ːrm]

他 知らせる

〈inform A of B〉（AにBを知らせる）の形が大切です。名詞のinformation（情報）、形容詞のinformative（［情報が］役立つ）もTOEIC頻出語です。

Please inform me of any change in the plan.
計画のどんな変更も私に知らせてください。

---

⑫ notify [nóutəfài]　他 知らせる
notify users of the trouble　ユーザーにトラブルを知らせる

⑬ remind [rimáind]　他 思い出させる
Thank you for reminding me.
思い出させてくれてありがとう。

⑭ announce [ənáuns]　他 発表する；告知する
announce the new product　新製品を発表する

⑮ inquire [inkwáiər]　自 他 問い合わせる；たずねる
inquire about the schedule change
スケジュールの変更について問い合わせる

16 book [búk]

他 予約する

bookは動詞として使うと「予約する」の意味で、reserveと同じです。overbookなら「定員以上に予約を取る」です。

I booked a cheap hotel in the suburbs.

私は郊外の格安のホテルを予約した。

17 **reserve** [rizə́:rv] 他 予約する

reserve a table for two 二人用のテーブルを予約する

18 **enroll** [inróul] 自 登録する；入学する

enroll in an English course 英語コースに登録する

19 **register** [rédʒistər] 自 登録する

register for the competition コンペに登録する

20 **subscribe** [səbskráib] 自 定期購読する；加入する

subscribe to an online service

ネットサービスに加入する

㉑ place [pléis]

他 置く；
設置する

place an order（注文する）、place an ad（広告を出す）という表現も重要です。replaceなら「交換する」です。

She placed her laptop on the desk.
彼女は自分のラップトップをデスクの上に置いた。

㉒ locate [lóukeit] 他 位置づける；見つける
The city museum is located in the Old Town.
市立美術館は旧市街にある。

㉓ stow [stóu] 他 しまう
stow a bag under the seat　バッグを座席の下にしまう

㉔ pile [páil] 他 積む
pile the files　ファイルを積み上げる

㉕ remove [rimú:v] 他 取り去る；除去する
remove stains from the carpet
絨毯からシミを除去する

㉖ agree [əgríː]

自 他 賛成する

目的語を続けるには前置詞が必要で、前置詞はwith、to、onなどを使います。that節を続ける他動詞の用法もあります。反意語はdisagree（反対する）です。

I agree with you on that.

その点についてはあなたに賛成です。

㉗ consent [kənsént] 自 同意する 名 同意

The actor consented to be interviewed.

その俳優はインタビューを受けることに同意した。

㉘ approve [əprúːv] 他 承認する 自 賛同する

approve the plan　その計画を承認する

㉙ oppose [əpóuz] 他 反対する

oppose the new policy　新しい方針に反対する

㉚ reject [ridʒékt] 他 拒否する

reject the offer　その申し出を拒否する

31 allow [əláu]

他 許す；許可する

〈allow A to do〉（Aが～するのを許す）の形でよく使います。また、名詞のallowanceには会社が社員に支給する「手当」の意味があります。

The hotel allows guests to bring in their dogs.
そのホテルは宿泊客が彼らの犬を連れてくるのを認めている。

32 accept [əksépt] 他 受け入れる；認める
accept the proposal　その提案を受け入れる

33 permit [pərmít] 他 許可する 名 [pə́:rmit] 許可証
permit entry　入国を認める

34 receive [risí:v] 他 受け取る
receive an award　賞を受ける

35 grant [grǽnt] 他 認める；授与する
grant a license　免許証を発給する

36 explain [ikspléin]

他 説明する

〈explain A to B〉(AをBに説明する)の形のほか、〈explain that ～〉〈explain why/how/what ～〉のようにthat節や疑問詞節を続けて使えます。名詞はexplanation(説明)。

Could you explain the details to us?
私たちに詳細を説明してもらえますか。

37 describe [diskráib] 他 描写する；記述する
describe the accident　その事故を具体的に説明する

38 illustrate [íləstrèit] 他 例示する；説明する
illustrate the process　そのプロセスを例示する

39 demonstrate [démənstrèit]
他 明らかに示す；実演する
demonstrate the robotic cleaner
ロボット掃除機を実演する

40 clarify [klǽrəfài] 他 明らかにする
Can you clarify this point?　この点を明らかにしてもらえますか。

41 consider [kənsídər]

他 自 よく考える

名詞はconsideration（熟慮；検討）。
形容詞はconsiderate（思いやりがある）、considerable（かなりの）と2つあります。

I'm considering changing my job.
私は転職を考えています。

42 think [θíŋk] 自 他 思う；考える
What do you think of this?
これについてどう思いますか。

43 assume [əsjú:m] 他 仮定する；想定する
We should assume the worst.
私たちは最悪の事態を想定しておくべきだ。

44 review [rivjú:] 他 よく調べる；見直す　名 検討；見直し
review the decision　その決定を見直す

45 examine [igzǽmin] 他 調査する；検査する
examine the machine　その機械を点検する

46 handle [hǽndl]

他 処理する；取り扱う

名詞では「取っ手」で、動詞としては「処理する；取り扱う」の意味で使います。具体的な物だけでなく、抽象的な事柄も対象にできます。

He handles three projects at the same time.
彼は同時に3つのプロジェクトを担当している。

47 **manage** [mǽnidʒ] 他 運営する；どうにか〜する
manage a company　会社を経営する

48 **address** [ədrés] 他 取り組む
address cost cuts　経費削減に取り組む

49 **deal with** 〜を処理する；〜を取り扱う
deal with the client　その顧客を担当する

50 **cope with** 〜に対処する
cope with a problem　問題に対処する

51 prepare ［pripéər］

自 他 準備する

自動詞では〈prepare for A〉（Aの準備をする）の形をとったり、〈prepare to do〉（～する準備をする）と不定詞も続けられます。

We're busy preparing for the trade show.
私たちは見本市の準備をするのに忙しい。

52 arrange ［əréinʒ］ 他 整える；手配する
arrange an appointment　約束を取り決める

53 schedule ［skédʒuːl］ 他 予定する
The picnic is scheduled for April 10th.
ピクニックは4月10日に予定されている。

54 organize ［ɔ́ːrgənàiz］ 他 手配する；整理する
organize data　データを整理する

55 facilitate ［fəsílətèit］ 他 円滑にする；促進する
facilitate communication　コミュニケーションを円滑にする

56 encourage [inkə́ːridʒ]

他 勧める；励ます

〈encourage A to do〉（Aに～するよう勧める）、〈be encouraged to do〉（～するよう勧められている）の形でよく使います。

Employees are encouraged to take a health check.
社員の方は健康診断を受けるようにしてください。

57 urge [ə́ːrdʒ] 他 促す；説得する
urge a quick reply 早い返信を促す

58 inspire [inspáiər] 他 鼓舞する
inspire the audience 聴衆を鼓舞する

59 persuade [pərswéid] 他 説得する
I persuaded the boss to change his mind.
私は上司が考えを変えるよう説得した。

60 prompt [prámpt] 他 促す；刺激する 形 迅速な
Her words prompted my decision.
彼女の言葉は私の決心を促した。

61 increase [inkríːs]

自 増加する
他 増加させる

decrease（減少する；減少させる）とセットで覚えておきましょう。どちらも同形で名詞としても使います。

Sales increased by 35% this year.
今年は売り上げが35%増加した。

62 decrease [diːkríːs] 自 減少する 他 減少させる
The new policy decreased costs.
新しい方針により経費が減少した。

63 raise [réiz] 他 引き上げる
raise income taxes 所得税を引き上げる

64 extend [iksténd] 他 拡大する；延長する
I'd like to extend my stay. 滞在を延長したいのですが。

65 expand [ikspǽnd] 他 自 拡大する
expand the business 事業を拡大する

66 participate [pɑːrtísipèit]

自 参加する

〈participate in A〉(Aに参加する)の形で覚えておきましょう。名詞はparticipationで「参加」、participantで「参加者」です。

Many residents participated in the river cleaning.
多くの地域住民が川の清掃に参加した。

67 join [dʒɔ́in] 他 加わる;仲間になる
Why don't you join us for lunch?
一緒にランチに行きませんか。

68 attend [əténd] 他 出席する
attend a workshop　ワークショップに出席する

69 appear [əpíər] 自 現れる;〜のようである
The actress appeared at the party.
その女優はパーティーに現れた。

70 take part in 〜に参加する
take part in a trekking tour　トレッキングツアーに参加する

71 recommend

[rèkəménd]

他 勧める；推奨する

目的語に動詞をとるときは〈recommend doing〉と動名詞のみが可能。〈recommend A to do〉（Aに～するように勧める）の形も重要です。

I was recommended to apply for the position.
私はその職に応募するように勧められた。

72 suggest [sədʒést] 他 提案する；勧める

I suggest you see the doctor.
医者に診てもらったほうがいいよ。

73 propose [prəpóuz] 他 提案する；提出する

propose menu changes　メニューの変更を提案する

74 advise [ədváiz] 他 忠告する；アドバイスする

Bikers are advised to wear helmets.
自転車に乗る人はヘルメットを着用するようにしてください。

75 instruct [instrʌ́kt] 他 指示する

I was instructed to rest well.　私はゆっくり休むよう指示された。

76 appreciate [əpríːʃièit]

他 感謝する；評価する

thankの目的語が「人」であるのに対して、appreciateの目的語は「感謝の内容」です。名詞はappreciation（感謝；評価）。

I highly appreciate your continued support.
あなたの継続的なご支援に心から感謝いたします。

77 thank [θæŋk] 他 感謝する

He thanked his team members.
彼はチームのメンバーに感謝した。

78 admire [ədmáiər] 他 称賛する

admire his performance　彼の演技を称賛する

79 recognize [rékəgnàiz] 他 認める

The castle was recognized as a historic site.
その城は史跡として認められた。

80 assess [əsés] 他 評価する

assess the data quality　データの質を評価する

81 provide [prəváid]

他 提供する；もたらす

〈provide A with B〉〈provide B for [to] A〉はどちらも「AにBを提供する」の意味の表現です。supplyも同じ形がとれます。

The hotel provides guests with bike rentals.
そのホテルは宿泊客に自転車の貸し出しを行っている。

82 supply [səplái] 他 提供する 名 供給
supply jobs for foreigners
外国人に仕事を提供する

83 present [prizént] 他 贈呈する；提示する
present an award　賞を贈呈する

84 submit [səbmít] 他 提出する
submit a report　報告書を提出する

85 furnish [fə́:rniʃ] 他 備えつける
She furnished her house with old furniture.
彼女は自分の家に古い家具を備えつけた。

86 produce [prədjúːs]

他 生産する；生み出す

工業製品、農産物、文化作品などさまざまなものを「つくる」のに使います。名詞で「農産物」の意味があり、要注意です。

The company produces batteries for car makers.
その会社は自動車メーカー向けにバッテリーを生産している。

87 **manufacture** [mænjəfæktʃər] 他 製造する
manufacture machine tools　工作機械を製造する

88 **create** [kriéit] 他 創り出す
create jobs　仕事を創出する

89 **develop** [divéləp] 他 開発する
develop new drugs　新薬を開発する

90 **construct** [kənstrʌ́kt] 他 建設する
construct a shopping mall
ショッピングモールを建設する

91 launch [lɔ́ːntʃ]

他 開始する；発売する
名 開始；発売

「活動を開始する」「新製品を発売する」の意味で、ビジネスの必須語です。カタカナでも「ローンチ（する）」と言いますね。

We will launch a sales campaign next week.
私たちは来週から販売キャンペーンを開始する。

---

92 release [rilíːs] 他 公開する；発売する
release a film　映画を公開する

93 originate [ərídʒənèit] 自 始まる
The plant originates in Africa.
この植物はアフリカ産だ。

94 commence [kəméns] 他 開始する 自 始まる
commence discussions　話し合いを始める

95 resume [rizjúːm] 他 再開する 反 suspend（中断する）
Normal train services have already been resumed .
平常通りの電車の運行はすでに再開されています。

96 achieve [ətʃíːv]

他 達成する

「目標などを成功裏に達成する」の意味で使います。accomplishやattainが類語です。名詞はachievement（達成）。

We achieved the sales goals.
我々は売り上げ目標を達成した。

97 accomplish [əkʌ́mpliʃ] 他 成し遂げる
accomplish a project プロジェクトを完遂する

98 fulfill [fulfíl] 他 果たす；実現する
fulfill a role 役割を果たす

99 realize [ríːəlàiz] 他 実現する；認識する
realize a dream 夢を実現する

100 conclude [kənklúːd] 他 終える；結論づける
conclude the negotiation 交渉を終える

TOEICは どんな試験なの？ その2

7つのパートで構成される2時間のテスト

TOEIC® L&R TESTは7つのパートで構成されています。Part 1～Part 4がリスニングセクション、Part 5～Part 7がリーディングセクションで、それぞれのセクションは100問ずつです（各パートの詳細は94～95ページ参照）。

設問はPart 2が3択のほかは、すべて4択になっています。

設問も問題もすべて英語であることもTOEICの特徴です。試験時間はリスニングセクション45分、リーディングセクション75分で合計2時間（リスニングセクションの音声の長さの関係で1、2分長くなることがある）です。

ビジネス単語を覚えておこう

問題の内容はおおむね、3分の2がビジネス、3分の1が日常生活という比率です。ビジネスの要素が色濃いので、ビジネス現場でおなじみの単語や表現が多用されます。ただし、どの部署の人も知っておくべき単語・表現が中心で、専門性の高いものは出ません。

ビジネスの英語に慣れていない人は、仕事に関係する単語や表現をあらかじめ覚えておくようにしましょう。リスニングもリーディングも単語を知っていることは解答の大前提になるので、ビジネス関連語でつまずかないように準備をしておくことが大切です。

話すスピードと４カ国英語に慣れよう

リスニングセクションは自然なスピードで話されるので、事前に公式問題集のCDを聞いてスピードに慣れておくようにしましょう。ナレーターはアメリカ、イギリス、オーストラリア、カナダの出身者で構成されます。日本の学校教育では主にアメリカ英語が使われているため、イギリス系の英語に耳慣らしをしておくことは欠かせません。

素早く読んで、素早く解く

リーディングセクションはスピードが要求されます。初めて受ける人はその問題の多さに圧倒されるはずです。素早く読んで、スピーディーに問題を処理していかなければなりません。

また、600点をめざす人は最後まで解ききることはできないという前提で、効率よく解答していくことが大切です。

あらかじめ公式問題集などのリーディングセクション全体を解いてみて、自分なりの時間配分を想定しておきましょう。

101 aim [éim]

[自] めざす　[他] 向ける　[名] 目標

She aims to be a professional painter.

彼女はプロの画家になることをめざしている。

102 solve [sálv]

[他] 解決する　[名] solution (解決)

Technicians solved the network problem.

技術者たちはネットワークの問題を解決した。

103 include [inklú:d]

[他] 含む

The bill is included in the package.

請求書はパッケージの中に入っています。

104 contribute [kəntríbjət]

[自] 貢献する　[類] donate (献金する)

Saving energy also contributed to cutting costs.

エネルギーの節約は経費削減にも貢献した。

105 cover [kʌ́vər]

他 対象とする；覆う

I think all topics were covered.

すべての議題を取り上げられたと思います。

106 confirm [kənfə́ːrm]

他 確かめる

The client called to confirm the delivery date.

顧客が配送日を確かめるため電話してきました。

107 acknowledge [əknάlidʒ]

他 認知する

The brand is widely acknowledged in Asia.

そのブランドはアジアで広く認知されている。

108 afford [əfɔ́ːrd]

他 余裕がある

We cannot afford to buy an apartment in the city center.

私たちは都心のマンションを買う余裕がない。

109 concentrate [kάnsəntrèit]

自 集中する　類 focus (集中する)

The publisher concentrates on children's books.

その出版社は子供の本に特化している。

110 indicate [índikèit]

他 示す

The pie chart indicates our market share.

この円グラフは我々の市場シェアを示しています。

111 prevent [privént]

他 妨げる

The storm prevented our plane from leaving.

嵐のため私たちの飛行機は離陸できなかった。

112 range [réinʒ]

自 及ぶ

Room rates range from 120 to 1,050 euros.

客室料金は120ユーロから1050ユーロまで幅があります。

113 refrain [rifréin]

自 控える

Please refrain from flash photography in the museum.

博物館内ではフラッシュ撮影をお控えください。

114 observe [əbzə́ːrv]

他 守る；気づく；観察する；祝う

The staff in the branch observe local customs.

その支社のスタッフは地元の慣習に従っている。

115 assign [əsáin]

他 割り当てる　類 allot（割り当てる）

I was assigned the task of receiving guests.

私は来客を迎える仕事を割り当てられた。

116 prove [prúːv]

自 ～であるとわかる　他 証明する

The project proved to be a failure.

そのプロジェクトは失敗だとわかった。

117 expire [ikspáiər]

自 失効する

The visa expires in ninety days.

このビザは90日後に失効する。

118 accommodate [əkámədèit]

他 (要望などに) 応える；収容する

We always make every effort to accommodate guest requests.

私たちはいつもお客様のリクエストにできるかぎり応えようとしています。

119 cater [kéitər]

自 (要望などに) 応える；仕出しをする

＊cater for A (Aに仕出しをする)

Our clothes cater mainly to sports lovers.

当社の衣類は主にスポーツ愛好家を対象にしている。

120 ensure [inʃúər]

他 保証する；確実にする

We ensure that customers shop online safely.

お客様が安全にネットショッピングできることを保証します。

基礎編

頻出形容詞・副詞110

形容詞・副詞は仕事や生活の場面で
よく使うものを覚えましょう。
頻出語を18の単語グループと
20語のリストで紹介します。

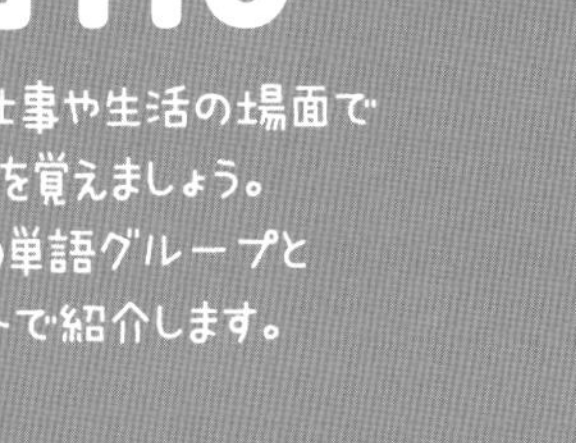

121 upcoming [ʌ́pkʌ̀miŋ]

形 近く起こる；今度の

up-（近づいて）＋ coming（来る）＝「近く起こる」。近い将来に行われるイベントを指す形容詞としてよく出ます。forthcomingが同意語です。

The upcoming conference will be held in the Lake Hotel.

今度の会議はレイクホテルで開催される。

---

122 **annual** [ǽnjuəl] 形 毎年の；1年間の
an annual report 年次報告書

123 **quarterly** [kwɔ́:rtərli] 形 四半期の
quarterly results 四半期業績

124 **current** [kə́:rənt] 形 現在の
the current rates 現在のレート

125 **prior** [práiər] 形 前の ＊prior to A（Aより前に）
類 previous（前の）
prior notice 事前の通知

126 primary [práimèri]

形 主要な；最初の

重要度が高い「主要な」、順序・時間が「最初の」という2つの意味でよく使います。primeも「主要な」の意味があります。

Our primary market is South East Asia.
当社の主要な市場は東南アジアだ。

127 **main** [méin] 形 主な
the main entrance 正面入口

128 **crucial** [krú:ʃəl] 形 きわめて重要な
a crucial decision きわめて重要な決断

129 **proper** [prápər] 形 適切な
proper clothes 適切な服装

130 **urgent** [ə́:rdʒənt] 形 至急の；緊急の
an urgent meeting 緊急会議

131 convenient

[kənvíːniənt]

形 都合がいい；便利な

「（時間・場所・物などが）都合がいい」の意味で使います。人を主語にはできません。inconvenient（不都合な；不便な）とセットで覚えておきましょう。

The bus is convenient for tourists to move around the city.

このバスは旅行者が市内を動き回るのに便利です。

---

132 inconvenient [ìnkənvíːniənt] 形 不都合な；不便な

an inconvenient time　不都合な時間

133 useful [júːsfəl] 形 役に立つ

useful information　役に立つ情報

134 helpful [hélpfəl] 形 役に立つ；助けになる

Your advice was very helpful.

あなたの忠告はとても役立ちました。

135 available [əvéiləbl] 形 利用可能な

Tickets are also available online.

チケットはネットでも買えます。

136 successful [səksésfəl]

形 成功した

動詞succeed（成功する；後に続く）の形容詞は2種類あり、successful（成功した）とsuccessive（連続する）を区別しましょう。

Matilda became successful in investments.
マチルダは投資で成功した。

137 wealthy [wélθi] 形 裕福な
a wealthy district 裕福な地区

138 prosperous [práspərəs] 形 繁栄している
a prosperous country 繁栄している国

139 profitable [práfətəbl] 形 利益のあがる
a profitable business 利益のあがる事業

140 generous [dʒénərəs] 形 気前のいい
a generous donor 気前のいい寄贈者

141 reasonable

[rí:zənəbl]

形 手ごろな；理にかなった

原意は「理にかなった」で、「価格が理にかなった」→「手ごろな」の意味で、商品の価格を修飾するのによく使います。

We provide a variety of tires at a reasonable price.

私どもはさまざまなタイヤを手ごろな価格で提供しています。

142 costly [kɔ́:stli] 形 高くつく；犠牲の大きい

The repairs proved very costly.

その修理はとても高くつくことがわかった。

143 affordable [əfɔ́:rdəbl] 形 手ごろな

an affordable hotel　値段の手ごろなホテル

144 valuable [vǽljəbl] 形 価値のある

valuable experience　貴重な経験

145 luxurious [lʌgʒúəriəs] 形 豪華な

＊luxuryは名詞（豪華）・形容詞（豪華な）の両方で使える。

a luxurious villa　豪華な別荘

146 proficient [prəfíʃənt]

形 習熟した；技量のある

〈be proficient in [at] A〉（Aに習熟している）の形が重要です。skillfulやcompetentも同じ形をとれます。名詞はproficiency（習熟；技量）。

Roy is proficient in AI programming.
ロイはAIプログラミングに習熟している。

---

147 skillful [skílfəl] 形 上手な；習熟した
skillful driving　上手な運転

148 competent [kámpətənt] 形 能力のある
a highly competent interpreter
きわめて能力の高い通訳者

149 qualified [kwálifàid] 形 有能な；資格のある
a qualified candidate　有資格の候補者

150 capable [kéipəbl] 形 能力のある
He is capable of doing the job.
彼はその仕事をする能力がある。

151 reliable [riláiəbl]

形 信頼できる

rely（信頼する）＋ able（できる）＝「信頼できる」。動詞のrelyは自動詞でrely on（〜を信頼する）の形で使います。

We need more reliable data to make a decision.

私たちは結論を出すにはもっと信頼できるデータが必要だ。

152 dependable [dipéndəbl] 形 信頼できる

a dependable coworker 信頼できる同僚

153 dedicated [dédikèitid] 形 献身的な

dedicated staff 献身的なスタッフ

154 responsible [rispánsəbl] 形 責任がある

He is responsible for hiring new staff.

彼は新人採用に責任がある。

155 liable [láiəbl] 形 責任がある；〜しがちだ

Are they liable for the accident?

彼らはその事故に責任があるのか。

156 next [nékst]

形 隣接した；次の

空間・場所の形容詞として〈next to A〉（Aに隣接した）の形でPart 1に頻出します。next to each other（互いに隣り合って）も覚えておきましょう。

The two cars are parked next to each other.
2台の車が隣り合って駐められている。

157 remote [rimóut] 形 遠い；わずかな
remote working 遠隔勤務

158 spacious [spéiʃəs] 形 広々とした
a spacious bedroom 広々とした寝室

159 vacant [véikənt] 形 空いている；欠員の
a vacant position 欠員のポスト

160 vast [væst] 形 広大な；莫大な
a vast area of wetland 広大な湿地帯

161 ideal [aidíːəl]

形 理想的な；
申し分のない

人材採用の場面でan ideal candidate（理想的な候補者）という表現でよく出ます。perfectが類語です。

The ideal candidate will have a data science degree.

理想的な候補者はデータサイエンスの学位を持っている人です。

162 attractive [ətrǽktiv] 形 魅力的な
an attractive offer　魅力的な申し出

163 impressive [imprésiv] 形 印象的な
an impressive speech　印象的なスピーチ

164 remarkable [rimáːrkəbl] 形 注目すべき；目覚ましい
remarkable growth　目覚ましい成長

165 acclaimed [əkléimd] 形 高く評価された
an acclaimed climber　高く評価された登山家

166 pleased [plíːzd]

形 うれしい；喜んで

動詞please（喜ばせる）は「～させる動詞」で、現在分詞pleasingで「（物事が）喜ばせる」、過去分詞pleasedで「（人が）喜ぶ」となります。

We are pleased to announce the launch of our new product.
私たちは新製品の発売を告知できるのをうれしく思います。

167 satisfied [sǽtisfàid] 形 満足して
The boss is satisfied with the sales results.
上司は売り上げの結果に満足している。

168 disappointed [dìsəpɔ́intid] 形 失望して
I was disappointed with that famous hotel.
私はあの有名なホテルに失望した。

169 exciting [iksáitiŋ] 形 興奮させる；刺激的な
an exciting discovery　興奮させる発見

170 amazing [əméiziŋ] 形 すばらしい
an amazing performance　すばらしい演技

171 various [véəriəs]

形 さまざまな

動詞vary（変化する；変える）の形容詞です。variedも「さまざまな」の意味です。名詞のvarietyは〈a variety of A〉（さまざまなA）の形が重要です。

Our company has employees with various backgrounds.

当社はさまざまな背景を持つ社員を雇用している。

172 diverse [dəvə́ːrs] 形 多様な

a diverse workforce　多様な労働力

173 multiple [mʌ́ltipl] 形 多数の

multiple choices　複数の選択肢

174 ample [ǽmpl] 形 豊富な

ample opportunity　豊富な機会

175 sufficient [səfíʃənt] 形 十分な

This old PC is sufficient for my needs.

この古いパソコンは私が必要とすることには十分だ。

176 correct [kərékt]

形 正しい；正確な

「誤りがなく正しい」「数値などが正確な」の意味で使います。動詞も同形で「訂正する」の意味です。

Can you check that the figures are correct?
数字が正しいか確認してもらえますか。

177 precise [prisáis] 形 正確な；精密な
類 accurate（正確な）
precise measurements 正確な寸法

178 exact [igzǽkt] 形 正確な；厳密な
an exact replica 正確なレプリカ

179 thorough [θə́:rou] 形 徹底的な；綿密な
a thorough examination 徹底的な検査

180 comprehensive [kàmprihénsiv]
形 包括的な；完全な
a comprehensive guide 完全な案内書

181 stable [stéibl]

形 安定した

物の構造・状況・身体の具合などが「堅実で変化しない」の意味で使います。firm、steady、secureなどが類語です。

The company's sales have been stable for many years.

その会社の売り上げは何年にもわたって安定している。

182 firm [fə́ːrm] 形 かたい；強固な

a firm pillow　かたい枕

183 steady [stédi] 形 固定された；一定した

a steady job　定職

184 secure [sikjúər] 形 安定した；安全な

a secure income　安定した収入

185 durable [djúərəbl] 形 耐久性のある

類 sturdy（頑丈な）

durable goods　耐久消費財

186 brief [bríːf]

形 短い；簡潔な

Please be brief.は「簡潔に話してください」という意味の決まり文句です。動詞として「簡潔に説明する」の意味でも使えます。

His presentation was brief and to the point.
彼のプレゼンは簡潔で要を得ていた。

187 concise [kənsáis] 形 簡潔な
a concise report 簡潔な報告書

188 abridged [əbrídʒd] 形 縮約された
an abridged edition 縮刷版

189 lengthy [léŋθi] 形 長く続く；冗長な
a lengthy meeting 長々とした会議

190 consecutive [kənsékjətiv] 形 連続した
The team won five consecutive games.
そのチームは5ゲーム連続して勝った。

191 moreover [mɔːróuvər]

副 さらに

「付加」の機能を持つ接続副詞です。同様の意味でfurthermoreも使えます。接続副詞は文と文をつなぐ働きをします。

Rina is talented; moreover, she is hard-working.
リナは能力がある、それに彼女は働き者だ。

192 however [hauévər] 副 しかしながら
The plan is attractive. However, there may be risks.
その計画は魅力的だ。しかしながら、リスクがありそうだ。

193 therefore [ðéərfɔːr] 副 それゆえ 類 thus(それゆえ)
The car is compact and therefore fuel-efficient.
この車はコンパクトだ、だから燃費がいい。

194 besides [bisáidz] 副 そのうえ;それに
I have no time. Besides, is it necessary to do?
時間がないんだ。それに、それってする必要があるの?

195 instead [instéd] 副 その代わりに;そうではなく
He didn't go to college; He became a cook instead.
彼は大学に行かなかった。その代わりに料理人になった。

196 immediately

[imíːdiətli]

副 今すぐ；直接に

「今すぐ」という意味で、緊急性の高い場面で使います。「直接に」の意味もあり、immediately behind meで「私のすぐ後ろに」です。

I must go to see the client immediately.
私は今すぐクライアントに会いに行かないといけない。

197 beforehand [bifɔ́ːrhæ̀nd] 副 前もって
類 in advance (前もって)
You should buy a ticket beforehand.
前もって切符を買っておいたほうがいい。

198 afterward [ǽftərwɔ̀ːrd] 副 後で 類 later (後で)
I'll email you afterward. 後でメールします。

199 recently [ríːsəntli] 副 最近 類 lately (最近)
I recently moved to Sendai. 最近、仙台に引っ越しました。

200 simultaneously [sàiməltéiniəsli] 副 同時に
The smartphone was released simultaneously in several countries.
そのスマートフォンは同時に数カ国で発売された。

201 approximately

[əprάksimətli]

副 およそ；約

概数を示すときに使います。about、around、roughlyなどが類語です。形容詞はapproximate（およその）。

Last year, approximately two million people visited the castle.

昨年はおよそ2百万人がその城を訪れた。

202 roughly [rʌ́fli] 副 およそ

It costs roughly ten thousand dollars.

それにはおよそ1万ドルかかります。

203 considerably [kənsídərəbli] 副 かなり；相当

The town changed considerably. その町はかなり変わった。

204 significantly [signífikəntli] 副 かなり；著しく

類 substantially（かなり）

The number of children has been significantly decreasing.

子供の数がかなり減っている。

205 mostly [móustli] 副 たいてい；大部分は

She mostly works from home.

彼女はたいてい在宅勤務をしている。

206 possibly [pásəbli]

副 もしかすると

推量の副詞で、かなり低い可能性を表します。推量の副詞の可能性は高い順に、definitely → presumably → probably → perhaps / maybe → possiblyです。

It will take three months, possibly longer.
それには3カ月、もしかするともっとかかりそうだ。

207 definitely [défənətli] 副 確かに；間違いなく
I'll definitely be at the party.
間違いなくパーティーに行きます。

208 probably [prábəbli] 副 たぶん；十中八九
It will probably snow tomorrow.　明日はたぶん雪が降る。

209 maybe [méibi] 副 おそらく 類 perhaps（おそらく）
Maybe, it's their misunderstanding.
おそらくそれは彼らの誤解だ。

210 apparently [əpǽrəntli] 副 一見では；どうやら
He will apparently move on to another company.
彼はどうやら別の会社に移るようだ。

どんな勉強をすればいいの？

600点をめざすには1年の計画を立てよう

TOEICの600点というのは基礎的な英語力が身についているというレベルです。ちなみに英検2級取得者の平均スコアは517点です。したがって、600点はある程度高いハードルと言えるでしょう。

TOEICビギナーの人や400点未満の人が600点をめざすには、1年くらいの期間で計画を立てるのが現実的です。毎日1時間程度の学習を1年間続ける心構えで進めていきましょう。

ビジネス・生活の語彙力強化が必須

単語については十分な準備が必要です。TOEICはビジネスの特徴の強いテストなので、これまで学校英語を中心に勉強してきた人にとっては、ビジネス関連の単語が不足しているはずです。また、日常生活の単語も意外に知らないものが多いものです。

ビジネス・生活語を集中的に身につけていくようにしましょう。本書で扱う単語をまず完全にマスターするようにしてください。

幸い、TOEICによく出る単語には決まったものが多いです。一度覚えてしまえばTOEICがぐんと解きやすく感じられるはずです。

問題演習は公式問題集を使おう

リスニングやリーディングの強化には、公式問題集を解くことをお勧めします。TOEICの問題には特徴があるので、やはり本試験と同様のものをしっかり学習することが一番効果的であり、600点への近道と言えます。

リスニングではスピードに慣れることと各パートの特徴を感覚的に覚えておくことが大切です。

リーディングでは素早く読んで素早く解くことが求められます。ただビギナーや400点未満の人はまずはスピードよりも問題をしっかり理解することを優先しましょう。理解があいまいなままで速さだけを追い求めるのは本末転倒です。

公式問題集は一度だけでなく、繰り返し解いて、その内容をしっかり身につけましょう。リスニングの音声はスマホに入れて、空き時間を利用して繰り返し聞くようにするといいでしょう。

単語集・公式問題集を使い込もう

この単語集、公式問題集をとことん使い込むようにしましょう。参考書はいろいろなものに手を出すより、これだと決めたものに絞って使い込むほうが効果的です。公式問題集はシリーズで出ているので、1冊を完全に終えたら、別の巻を買えばいいでしょう。

文法については、TOEICで特別な知識が必要になるわけではありません。中学・高校の英文法の知識があれば十分です。問題を解きながら、忘れている文法項目を復習するようにしましょう。苦手項目の学習にはネット上の記事でも間に合いますが、もし必要なら1冊、自分に合ったTOEICの文法参考書を買い求めてもいいでしょう。

211 similar [símələr]

形 類似した

Their new product is similar to ours.

彼らの新製品は当社のものに似ている。

212 opposite [ápəzit]

形 逆の；反対側の

Two women are walking in opposite directions.

二人の女性は反対方向に歩いている。

213 obvious [ábviəs]

形 明らかな

His decision was an obvious mistake.

彼の決断は明らかなミスだった。

214 diligent [dílidʒənt]

形 勤勉な　類 industrious (勤勉な)

We are looking for experienced and diligent drivers.

私たちは経験豊富で勤勉なドライバーを求めています。

215 **domestic** [dəméstik]

形 国内の；家庭の

The airline is expanding domestic flights.

その航空会社は国内線を拡大している。

216 **intensive** [inténsiv]

形 集中的な　反 extensive（広範囲の）

I registered for an intensive Chinese course.

私は集中中国語講座に登録した。

217 **initial** [iníʃəl]

形 最初の

The construction is still in the initial stage.

建設工事はまだ最初の段階だ。

218 **innovative** [ínəvèitiv]

形 革新的な

Our success is thanks to innovative engineers like you.

私たちの成功はあなたたちのような革新的な技術者のおかげです。

219 whole [hóul]

形 全体の　類 entire（全体の）

We spent the whole day discussing the design.

私たちは丸1日そのデザインを話し合うのに費やした。

220 aware [əwéər]

形 知って；意識して

The manager is aware of a lack of budget.

部長は予算不足を理解している。

221 mutual [mjú:tʃuəl]

形 相互の

We need more mutual understanding.

私たちはもっと相互の理解が必要だ。

222 temporary [témpərèri]

形 一時的な；暫定の　類 tentative（一時的な）

We reached a temporary agreement.

私たちは暫定の合意に達した。

223 respective [rispéktiv]

形 それぞれの　＊respectful（丁重な）

We adopt different approaches in the respective markets.

私たちはそれぞれの市場で異なった手法を用いている。

224 valid [vǽlid]

形 有効な

The coupon code is valid only for one month.

このクーポンコードは１カ月にかぎり有効です。

225 effective [iféktiv]

形 効果的な

This detergent is effective against sticky stains.

この洗剤はしつこい汚れに効果がある。

226 complimentary [kàmpləméntəri]

形 無料の

Please help yourself to complimentary snacks and drinks.

無料の軽食と飲み物をご自由にお召し上がりください。

227 eligible [élidʒəbl]

形 権利がある

Seniors over 65 are eligible for a discount.

65歳以上の高齢者は割引を受ける権利があります。

228 especially [ispéʃəli]

副 特に

The city has a lot of tourists, especially in the fall.

その市には、特に秋に、多くの観光客が訪れる。

229 gradually [grǽdʒuəli]

副 しだいに

We have gradually increased our customer base.

我々は徐々に顧客基盤を拡大してきた。

230 eventually [ivéntʃuəli]

副 最後には；結局

The client eventually accepted our proposal.

クライアントは最後には私たちの提案を受け入れた。

基礎編

頻出名詞100

TOEICに頻出する名詞を
「商品」「仕事」「努力」「意見」など
16の単語グループと
20語のリストで紹介します。

231 rate [réit]

名 料金；比率
他 評価する

「料金」の意味ではroom rates（部屋代）、「比率」の意味ではinterest rates（金利）のように使います。

We can offer you special rates.
お客様には特別料金をご案内できます。

---

232 fee [fíː] 名 料金
a monthly fee　月次料金

233 bill [bíl] 名 請求書；紙幣　他 請求書を送る
pay bills　請求書の支払いをする

234 payment [péimənt] 名 支払い；報酬
a down payment　頭金

235 charge [tʃáːrdʒ] 名 料金；請求額　他 請求する
*他に「責任」「充電」などの意味がある多義語。
an admission charge　入場料

236 goods [gúdz]

名 商品

「商品」の総称として複数形で使います。数詞では修飾できませんが、manyやsome、theseで修飾することは可能です。

The shop carries a great variety of household goods.

その店はさまざまな家庭用品を販売している。

237 **merchandise** [mə́ːrtʃəndàis] 名 商品

＊「商品」の総称で不可算名詞。Part 1 頻出。

The man is looking at the merchandise on the shelf.

男性が棚の商品を見ている。

238 **product** [prádʌkt] 名 製品

product development 製品開発

239 **item** [áitəm] 名 品目；項目

luxury items 高級品

240 **line** [láin] 名 商品ライン

a new line of green tea 緑茶の新ライン

241 job [dʒɑ́b]

名 仕事

「個々の業務」と「職責」の両方の意味で使います。finish a jobなら「仕事[=業務]を終える」、apply for a jobなら「仕事[=職責]に応募する」です。

I'm now looking for a full-time job.
私は今、正社員の仕事を探しています。

242 assignment [əsáinmənt] 名 業務；宿題
She is now on assignment abroad.
彼女は今、海外業務に就いている。

243 duty [djúːti] 名 業務；義務
One of my duties is to clean guest rooms.
私の業務の一つは客室の掃除だ。

244 task [tǽsk] 名 仕事；作業　everyday tasks 日常業務

245 role [róul] 名 役割
She took a leading role in the deal.
彼女はその取引で指導的な役割を果たした。

246 effort [éfərt]

名 努力；苦労

make an effort（努力をする）、a concerted effort（協調した努力）の表現を覚えておきましょう。

Her efforts of saving money haven't been successful.

彼女のお金を貯めようという努力はうまくいっていない。

247 attempt [ətémpt] 名 試み；挑戦

He passed the bar exam on his first attempt.

彼は最初の挑戦で司法試験に合格した。

248 challenge [tʃǽlinʒ] 名 課題；挑戦

形 challenging（やりがいのある）

The company faced a serious challenge.

その会社は難しい課題に直面した。

249 venture [véntʃər] 名 事業；冒険 a joint venture 合弁事業

250 endeavor [indévər] 名 努力；試み

an endeavor to create new medicines 創薬の努力

251 subject [sʌ́bdʒekt]

名 話題；テーマ；科目

形容詞としては「影響を受けやすい」の意味があり、〈be subject to A〉(Aの影響を受けやすい)の用法が重要です。

The subject of today's meeting is the next campaign.

今日の会議の議題は次のキャンペーンです。

252 topic [tápik] 名 話題；テーマ

a topic of discussion　議論のテーマ

253 issue [íʃuː] 名 問題；(新聞などの) 号

a sensitive issue　微妙な問題

254 matter [mǽtər] 名 事柄；問題

What's the matter with you?

どうしたのですか。

255 difficulty [dífikəlti] 名 困難；難事

We had difficulty in closing the deal.

私たちはその取引をまとめるのに苦労した。

256 figure [fígjər]

名 数値；図表；人物

「数値」「図表」の意味でよく出ます。動詞としては「考える」の意味があり、figure out（～を考え出す）は重要表現です。

These sales figures are approximate before reviewing.

これら売り上げ数字は確認前のおおよそのものです。

257 statistics [stətístiks] 名 統計数字　＊複数扱い。

The statistics come from a recent survey.

統計数字は最近の調査によるものです。

258 chart [tʃá:rt] 名 図；グラフ

This bar chart shows our sales growth.

この棒グラフは当社の売り上げの伸びを示しています。

259 table [téibl] 名 表；一覧表

You can make various tables in Excel.

エクセルでさまざまな表を作成できる。

260 diagram [dáiəgræm] 名 図表

Refer to the diagram on page 22. 22ページの図表を参照してください。

261 view [vjúː]

名 意見；眺め

「意見（opinion）」と「眺め（sight）」の2つの重要な意味があります。a room with a viewなら「眺めのいい部屋」です。

The boss has an optimistic view of the plan.
上司はその計画に対して楽観的な意見だ。

262 opinion [əpínjən] 名 意見；見解
What's your opinion on this matter?
この件についての君の意見は？

263 outlook [áutlùk] 名 見通し；見方
an outlook for the future　将来への見通し

264 notion [nóuʃən] 名 考え；意見
She had no notion what to do next.
彼女は次に何をすべきか見当がつかなかった。

265 input [ínpùt] 名 意見；協力
Thank you for your input.　ご意見をありがとうございます。

266 alternative

[ɔːltə́ːrnətiv]

名 代わり；選択肢
形 代わりの

〈an alternative to A〉で「Aの代わりになるもの」。形容詞も同形で、an alternative routeで「別のルート」です。

The other alternative is to leave it.
もう一つの選択肢はそれをやめることだ。

267 choice [tʃɔ́is] 名 選択；選択権

I had no choice but to do so.　そうするしか選択の余地がなかった。

268 option [ápʃən] 名 選択；選択権

Working while traveling is my best option.
旅行しながら働くのが私の最良の選択です。

269 opportunity [àpərtjúːnəti] 名 機会

I had an opportunity to meet him.　彼に会う機会が取れました。

270 occasion [əkéiʒən] 名 時；機会；行事

She helped me on several occasions.
彼女は何度か私を助けてくれた。

271 goal [góul]

名 目標

set a goal（目標を設定する）、meet a goal（目標を達成する）、miss a goal（目標を逸する）など動詞とセットで覚えましょう。

We will be able to meet our yearly goal.
私たちは年間目標を達成できそうだ。

272 objective [əbdʒéktiv] 名 目標
This test has three main objectives.
このテストには3つの主要な目標があります。

273 target [tá:rgət] 名 目標 ＊形容詞的に使える。
The target market is females under 29.
目標市場は29歳以下の女性だ。

274 purpose [pə́:rpəs] 名 目的；狙い
What is the purpose of your visit?　ご訪問の目的は何ですか。

275 ambition [æmbíʃən] 名 野心；念願
His ambition is to be the CEO of the company.
彼の野心はその会社のCEOになることだ。

276 **instrument**

[ínstrəmənt]

名 楽器；器具

play an instrumentで「楽器を演奏する」、a measuring instrumentで「計器」です。Part 1にもよく出ます。

The man is arranging the instrument.

男性が楽器を調整している。

277 **device** [diváis] 名 機器

a security device 保安機器

278 **appliance** [əpláiəns] 名 家電製品；家庭用品

kitchen appliances 台所用品

279 **gadget** [gǽdʒit] 名 小型機器

electronic gadgets 電子機器

280 **machinery** [məʃí:nəri] 名 機械類

*集合名詞。個別の機械はmachine。

factory machinery 工場機械類

281 balance [bǽləns]

名 残高；差額；均衡

「均衡；バランス」の意味もありますが、TOEICでは「残高」「差額」の意味でよく出ます。the unpaid balanceなら「未払い残高」です。

I check my account balance at the end of every month.

私は月末にはいつも口座の残高を確認する。

282 amount [əmáunt] 名 金額；数量

The total amount is shown at the bottom.

総額は一番下に示されています。

283 sum [sʌ́m] 名 金額；合計

a large sum of money 多額の金

284 portion [pɔ́ːrʃən] 名 部分

a small portion of the population 人口のごく一部

285 bulk [bʌ́lk] 名 大量；大部分

order in bulk 大量に注文する

286 anniversary

[ænivə́ːrsəri]

名 記念日

一般には「結婚記念日」のことですが、TOEICでは会社の「創立記念日」の意味で出ます。

We'll celebrate the company's 40th anniversary on May 1.

私たちは5月1日に会社の創立40周年のお祝いをする。

287 celebration [sèləbréiʃən] 名 祝賀会;お祝い

New Year's celebrations 新年のお祝い行事

288 award [əwɔ́ːrd] 名 賞 ＊awardee(受賞者)

an award-winning photographer

受賞経験のある写真家

289 honor [ɑ́nər] 名 光栄;敬意

It's an honor to meet you. お会いできて光栄です。

290 toast [tóust] 名 乾杯 他 自 乾杯する

Let's make a toast for our success!

私たちの成功に乾杯しましょう!

291 manner [mǽnər]

名 やり方；礼儀

「やり方」の意味に要注意。in a timely mannerなら「タイミングよく」です。fashionも同様に使えます。

We made the decision in a considered manner.
我々は熟慮してその決定を行った。

292 method [méθəd] 名 方法；方式
production methods 生産方式

293 means [mí:nz] 名 手段；財力
means of identification 身分証明の手段

294 process [práses] 名 過程；手順
the decision-making process
意思決定の過程

295 procedure [prəsí:dʒər] 名 手順；手続き
a safety procedure 安全手順

296 aspect [ǽspekt]

名 側面；観点

議論したり分析したりする場面でよく使います。a different aspectで「別の面」、from every aspectなら「あらゆる面から」です。

We also have to consider the negative aspects.
我々は否定的な側面も考えておかなければならない。

297 **factor** [fǽktər] 名 要因；要素
a key buying factor 主要な購入の要因

298 **element** [élimənt] 名 要素；成分
The program has four main elements.
このプログラムは4つの主要素から成る。

299 **feature** [fíːtʃər] 名 特徴；特集記事
A unique feature of the speaker is its shape.
このスピーカーのユニークな特徴はその形だ。

300 **characteristic** [kæ̀rəktərístik] 名 特徴
the characteristics of Japanese castles 日本の城の特徴

301 advantage [ədvǽntidʒ]

名 利点；優位

〈take advantage of A〉(Aを利用する)の表現を覚えておきましょう。反意語はdisadvantage(不利な点；欠陥)。

Explain both the advantages and disadvantages of the plan.

その計画のいい点と悪い点の両方を説明してください。

---

302 benefit [bénifit] 名 利点；特典

the benefits of outsourcing　外部委託の利点

303 strength [stréŋkθ] 名 強さ；強み

反 weakness (弱さ；弱み)

mental strength　心の強さ

304 reward [riwɔ́:rd] 名 報酬；報い

monetary reward　金銭的な報酬

305 privilege [prívəlidʒ] 名 特典；特権

the privilege of membership　会員特典

306 mind [máind]

名 考え；心

心の「知的な側面」を表します。〈have A in mind〉(Aを念頭に置く)、〈slip one's mind〉(記憶から落ちる)、〈make up one's mind〉(決断する)。

Always keep costs in mind.
いつも経費を頭に入れておいてください。

---

307 thought [θɔ́:t]　名 考え；思い
Thank you for a lot of thought.　いろいろと考えてくれてありがとう。

308 attention [əténʃən]　名 注意；配慮
Pay attention to the slide, please.　スライドに注目してください。

309 understanding [ʌ̀ndərstǽndiŋ]　名 理解
The team has a good understanding of the market.
そのチームは市場についてよく理解している。

310 spirit [spírət]　名 気力；心
The sales staff is all in high spirits.
営業スタッフはみんな気力が充実している。

問題の解き方を教えて

リスニングセクション

Part 1（6問）

特 徴 写真を見て、その写真に合った描写を4つの選択肢から選びます。

解き方 人物の行動・しぐさ、物の位置関係を聞き取ることがポイントになります。日常空間や風景の単語がたくさん出ますが、意外に日本の学習者は知らないものが多いので、事前にそうした単語を覚えておくといいでしょう。

Part 2（25問）

特 徴 質問を聞いて、それに合った応答を3つの選択肢から選びます。

解き方 質問→応答の整合性を確認することがポイントです。疑問詞を聞き取れたら答えられる単純な問題もありますが、ひとひねり加えた応答が正解になる問題も多いので、事前に十分に練習しておくことをお勧めします。また、短い会話なので速く読まれがちで、スピードについていくことも大切です。

Part 3（39問）

特 徴 複数人の会話を聞いて、1会話につき3つの設問に答えます。全部で13の会話があり、うち3つは図表を見て答える設問が付属します。

解き方 音声が流れる前に設問と選択肢に目を通しておくのがポイントです。時間がなければ設問だけでも見ておきましょう。設問は一部の例外を除いて、音声の流れる順番に設定されています。特に1問目は会話の出だし、3問目は最後の部分に正解のヒントがあるので注意して聞きましょう。

Part 4（30問）

特 徴 一人のアナウンスを聞いて、1アナウンスにつき3つの設問に答えます。全部で10のアナウンスがあり、うち2つは図表を見て答える設問が付属します。

解き方 会話とアナウンスの違いがあるだけで、基本はPart 3と同じです。最近はどちらのパートもビジネスの場面が増えているので、ビジネス会話の設定や内容に慣れておくようにしましょう。

リーディングセクション

Part 5（30問）

特徴 短文の空所に入る最適の語句を選びます。設問で問われるのは「正しい品詞」「正しい動詞の形」「前置詞・接続詞の区別」などTOEIC独自の特徴があります。

解き方 文法を問う設問は高校までの文法知識で事足りますが、単語を問う設問の場合はTOEICによく出る単語・表現を知っている必要があります。また、設問はビジネスの書き言葉です。スムーズに読めるように語彙力を強化しておくことが大切です。

Part 6（16問）

特徴 パッセージ（文章）の空所に入る最適の語句・文を選びます。パッセージは4つあり、それぞれに4つの空所があります。

解き方 パッセージという特性を生かして、文脈から正解を求める設問が多く設定されています。空所の文だけでは解答できないので、文脈を意識して頭から最後まで読むことが必要です。

Part 7（54問）

特徴 長文を読んで、その内容についての設問に答えます。前半の29問は1つの文書に設問（2～4個）が付く問題（シングルパッセージ）、後半の25問は複数の文書に設問（5個）が付く問題（マルチプルパッセージ）です。

解き方 最初に設問を読んでおくと、ポイントを絞って問題文を読むことができます。Part 7は残り時間を意識しながら進めることになるので、解けそうな問題・設問で確実に得点し、解けそうにない問題・設問には適当にマークするという割り切りも必要です。

311 **decade** [dékeid]

名 10年

Our company has operated in this city for over two decades.

当社は20年以上にわたってこの市で活動してきました。

312 **quantity** [kwántəti]

名 数量

反 quality (質)

We value quality above quantity.

私たちは量よりも質を重視します。

313 **attitude** [ætətjù:d]

名 態度;心構え

I always have a positive attitude at work.

私は仕事においていつも前向きです。

314 **relationship** [riléiʃənʃìp]

名 関係

We have a good relationship with the city government.

私たちは市政府と良好な関係にある。

315 **sector** [séktər]

名 部門；分野

I have continually worked in the banking sector.

私はずっと銀行部門で働いてきました。

316 **form** [fɔ́ːrm]

名 書式；フォーム

Please download the application form from our website.

応募書式は当社のウェブサイトからダウンロードしてください。

317 **effect** [ifékt]

名 影響；効果　類 influence（影響）

Using social media had a good effect on sales.

ソーシャルメディアの利用は売り上げに大きな影響をもたらした。

318 **policy** [pάləsi]

名 方針；（保険）証書

The company adopted a stricter cost-cutting policy.

会社はさらに厳しい経費削減方針を採用した。

319 **outcome** [áutkʌ̀m]

名 結果；成果 類 result（結果）

I don't know the outcome of the match yet.

私はまだその試合の結果を知らない。

320 **demand** [dimǽnd]

名 需要；要求 他 要求する

There is good demand for luxury apartments.

高級マンションへの旺盛な需要がある。

321 **operation** [ɑ̀pəréiʃən]

名 活動；事業

The factory restarted operation after the outage.

その工場は停電の後、操業を再開した

322 **cooperation** [kouɑ̀pəréiʃən]

名 協力 類 collaboration（協業）

The campaign was carried out in cooperation with a famous designer.

そのキャンペーンは有名なデザイナーの協力を得て行われた。

323 **atmosphere** [ǽtməsfìər]

名 雰囲気；大気

The building has a Nordic atmosphere.

その建物は北欧風の雰囲気を持っている。

324 **location** [loukéiʃən]

名 店舗；場所　＊「店舗」の意味でTOEICによく出る。

I'll check another location about the stock.

在庫について他の店舗に確認してみます。

325 **gratitude** [grǽtətjùːd]

名 感謝

Please accept my sincere gratitude for your support.

ご支援に対して深く感謝いたします。

326 **progress** [prágrəs]

名 進歩；進展

Could you let me know updates on the progress?

進捗状況の最新情報を教えてもらえませんか。

327 **conflict** [kánflikt]

名 (予定の) 重複；争い

I would have a schedule conflict at three tomorrow.

明日の３時では予定が重複します。

328 **concern** [kənsə́ːrn]

名 懸念；関心事

Some managers had great concerns about the investment.

マネジャーの何人かはその投資に大きな懸念を抱いていた。

329 **situation** [sìtʃuéiʃən]

名 状況；事情

If the situation permits, we would like to buy the company.

もし状況が許せば、我々はその会社を買収したい。

330 **statement** [stéitmənt]

名 声明；明細書

The statement says that the CEO will step down next month.

声明によると、CEOは来月、退任する。

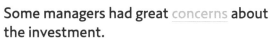

基礎編

頻出イディオム60

TOEIC にはイディオムは限られたものしか出ません。
ここで紹介するのは頻出の 60 語です。
用法も確認しながら覚えていきましょう。

331
according to
～によると；～に応じて

According to the news, his new novel will be released soon.

ニュースによれば、彼の新しい小説がもうすぐ発売される。

332
after all
結局のところ；何と言っても

Our flight left thirty minutes late, but arrived on time, after all.

私たちのフライトは30分遅れで出発したが、
結局、定刻に到着した。

333
along with
～と一緒に；～に加えて

Your order will be sent to you along with our new catalog.

お客様の注文品は当社の新しいカタログと一緒にお送りします。

334
as a result
結果として

We offered additional discounts. As a result, the deal was done.

我々は追加の値引きを提案した。結果として、取引は成立した。

335 as far as ~ concerned

～に関するかぎり

As far as I'm concerned, the plan should be reconsidered.

私の意見では、その計画は再考したほうがいい。

336 as of

～時点で

As of April 1, the new prices will be effective.

4月1日から新しい価格が適用されます。

337 A as well as B

Bはもちろん A も；Bだけでなく A も

They own a villa in Nagano as well as an apartment in Tokyo.

彼らは東京のマンションはもちろん、長野にも別荘を持っている。

338 at least

少なくとも

The pool renovation will take at least three weeks.

プールの改修には少なくとも3週間かかるでしょう。

339
based on

~に基づいて

We made a final decision based on the survey data.

調査データに基づいて、
私たちは最終判断をした。

340
because of

~のために;~の理由で

類 owing to / due to (~のために;~の理由で)

Production has stopped because of a lack of parts.

部品の不足のため、生産はストップした。

341
both A and B

AとBのどちらも

We placed the ad both in the paper and online.

私たちはその広告を新聞とネットの両方に出した。

342
by means of

~の方法で;~を用いて

We collected money by means of crowdfunding.

私たちはクラウドファンディングを用いてお金を集めた。

343 **each other**

お互いに

We have helped each other with several projects.

私たちはいくつかのプロジェクトで互いに助け合ってきた。

344 **either A or B**

AかBのどちらか

Either Sara or I will be relocated to Shanghai.

サラか私のどちらかが上海に転勤になる。

345 **either way**

いずれにしても

You can get to the airport by bus or train. Either way, it's inexpensive.

空港にはバスか電車で行けます。
いずれにしても、高くはないですよ。

346 **every other**

1つおきの

He usually goes on a trip every other month.

彼はふつう隔月で出張に出かける。

347 except for

~を除いて

Our shop is open every day except for the New Year holiday.

当店は新年の祝日以外は毎日営業しています。

348 given that

~と考えると

＊thatは省略可。

Given that the house is old, its rent should be lowered.

その家が古いことを考えると、家賃は下げるべきだ。

349 in a row

一列に並んで；連続して

Potted plants are placed in a row.

鉢植えの植物が一列に置かれている。

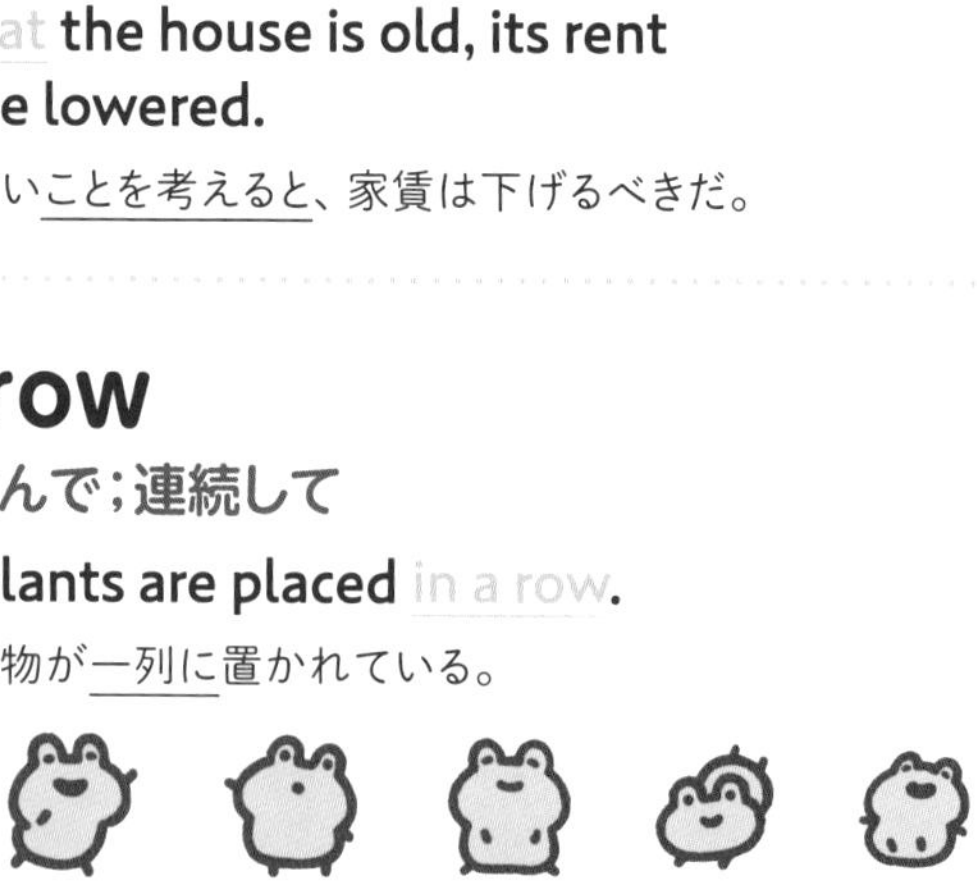

350 in addition to

~に加えて

In addition to English, she also speaks French and Korean.

英語に加えて、彼女はフランス語と韓国語も話す。

351 **in advance**

前もって

You should buy a ticket for the match in advance.

その試合のチケットは前もって買っておいたほうがいい。

352 **in charge of**

～を担当して

Tina is in charge of legal matters.

ティナは法務を担当している。

353 **in favor of**

～を支持して；～を好んで

All attendees were in favor of the office moving.

出席者全員が会社の移転に賛成した。

354 **in place of**

～の代わりに　＊in placeなら「～が行われて」。

You can use grape or apple juice in place of red wine.

赤ワインの代わりにブドウまたはリンゴのジュースを使うことができます。

355 in spite of

～にもかかわらず　類 despite（～にもかかわらず）

They climbed the mountain in spite of rain.

雨にもかかわらず彼らは山に登った。

356 instead of

～ではなく；～の代わりに

She started her own business instead of being employed.

彼女は雇われる代わりに自分の事業を始めた。

357 neither A nor B

AもBも～ない　＊norの代わりにorも使える。

He was neither disappointed nor angry with the news.

彼はその知らせに失望もしなかったし、怒りもしなかった。

358 no later than

～までに；～より遅れることなく

Please submit your application no later than March 31.

3月31日までに応募書類を提出してください。

359 not only A but also B

Aばかりでなく B もまた　＊also は省略可。

The project was not only profitable but also environmentally friendly.

そのプロジェクトは利益があがったばかりでなく、環境に優しくもあった。

360 now that

(今や)～なので

Now that everyone is here, let's get started.

みなさんお揃いなので、始めることにしましょう。

361 on account of

～が理由で；～のために

The ship for the island was canceled on account of the typhoon.

台風のため、その島に向かう船は欠航になった。

362 on behalf of

～を代表して；～のために

I'd like to welcome you all on behalf of the company.

会社を代表してみなさんを歓迎いたします。

363 on one's own

自分自身で

I think I can finish this job on my own.

この仕事は自分でやりきれると思います。

364 on the other hand

他方では；別の見方をすれば

The smartwatch looks cool, but, on the other hand, it's not easy to use.

そのスマートウォッチは見かけは
おしゃれだが、他方では使いにくい。

365 provided that

～という条件で　＊thatは省略可。

I will approve the plan provided that you manage it all.

君がすべてを管理するという条件で、その企画を承認しよう。

366 quite a few

かなり多くの～

＊数に使う。量の場合はquite a littleを使う。

We've received quite a few complaints about our Wi-Fi network.

当社のワイファイ接続についてかなり多くのクレームを
受け取っています。

367
regardless of
〜にもかかわらず
類 irrespective of (〜にもかかわらず)

Regardless of some trouble, we could complete the construction.

いくらか困難があったにもかかわらず、我々はその建設を完了できた。

368
side by side

並んで；協力し合って

Two dogs are lying side by side on the grass.

2匹の犬が芝生の上で並んで寝転がっている。

369
thanks to
〜のおかげで

Thanks to your hard work, we managed to meet the deadline.

皆さんのハードワークのおかげで、何とか納期に間に合いました。

370
under way
進行中で

The document screening is now under way.

書類審査が目下、進行中だ。

371 be about to *do*

まさに～しようとしている；
まもなく～する

The woman is about to open the window.

女性はまさに窓を開けようとしている。

372 be entitled to

～する［～の］資格がある　＊toの後は名詞も可。

Members are entitled to purchase any item at 20 % off.

会員の方はどの商品でも20％割引で購入できます。

373 be supposed to *do*

～することになっている

The fun run is supposed to be held even in the rain.

ファンランは雨でも開催されることになっている。

374 carry out

～を実行する　類 implement（実行する）

They are carrying out climate change research in the Arctic.

彼らは気候変動の調査を北極で実施している。

375 **come up with**

～を考え出す

We must come up with something completely different.

私たちは全く異なったものを考え出さなければならない。

376 **comply with**

～(規則・法律)に従う

Please comply with safety rules inside the factory.

工場内では安全規則に従ってください。

377 **depend on**

～に依存する；～次第だ

The city's economy depends largely on tourism.

その市の経済は観光に大きく依存している。

378 **dispose of**

～を処分する；～を処理する

Visitors are asked to dispose of their trash in the designated bins.

訪問客の方はごみを指定の容器に捨てるようにしてください。

379

fill out

～に記入する　類 fill in (～に記入する)

For any questions or inquiries, please fill out this form.

ご質問やお問い合わせの際には、この書式に記入してください。

380

get rid of

～を取り除く

Exercise is one of the best things you can do to get rid of stress.

運動はストレスを取り除くためにできる最良のものの一つだ。

381

look forward to

～を楽しみに待つ

I look forward to working with you again.

またご一緒に仕事ができるのが楽しみです。

382

put off

～を延期する

類 postpone / reschedule (延期する)

We can't put off the deadline again.

私たちは納期を再度は延期できない。

refer to

～に関係する；～を参照する

The figures refer to our overseas sales.

この数字は我々の海外の売り上げに関するものです。

rely on

～に頼る；～を当てにする

We now rely on social media for promotion.

私たちは今、販売促進をソーシャルメディアに頼っている。

sign up for

～に登録する；～に申し込む

Sign up now for SportsNet 247 to get one month free.

今、スポーツネット247にご登録いただければ、1カ月間無料になります。

take effect

効力を生じる；実施される

The new dress code will take effect next week.

新しい服装規定は来週から実施される。

387 take place

開催される；(物事が) 起こる

Their wedding ceremony will take place at St. Michael Church.

彼らの結婚式は聖マイケル教会で行われる。

388 try on

～を試着する

類 put on (～を身につける)

Why don't you try on the jacket?

そのジャケットをどうぞ試着してみてください。

389 turn on

～(電気など) を付ける

反 turn off (～を消す)

May I turn on the air conditioner?

エアコンを付けてもいいですか。

390 turn out to *be*

～であることがわかる；～という結果になる

類 prove to be (～であることがわかる)

Her idea turned out to be a great success.

彼女のアイデアは大きな成功になった。

応用編

ビジネス語120

TOEICには仕事で使う単語が頻出するので、
基本的なビジネス語の知識は必須です。
さまざまなビジネスの場面に対応する
24の単語グループにまとめて紹介します。

391 found [fáund]

他 設立する

会社や学校などの組織を「設立する」の意味で使います。establishが同意の動詞です。名詞のfounderは「創設者」。

Our company was founded by Juan Reyes in 1978.

当社は1978年にフアン・レイエスによって設立された。

392 headquarters [hédkwɔ̀:rtərz] 名 本社

Our company's headquarters is located in Kyoto.

当社の本社は京都にあります。

393 firm [fə́:rm] 名 会社 類 company (会社)

an electronics firm　電子機器会社

394 branch [brǽntʃ] 名 支社；支店 類 subsidiary (子会社)

your nearest branch　お客様の最寄りの支店

395 division [divíʒən] 名 部門；部署

the sales division　営業部

396 commute [kəmjúːt]

自 通勤する　名 通勤

go to workが同意の表現です。tele-(離れた)を付けてtelecommuteで「在宅勤務(する)」を表せます。

I commute by bike to keep healthy.
私は健康維持のため自転車で通勤している。

---

397 cafeteria [kæfətíəriə] 名 社員食堂
I had lunch at the cafeteria.　私は社員食堂で昼食を取った。

398 supervisor [súːpərvàizər] 名 管理職;上司 反 subordinate(部下)
your immediate supervisor　あなたの直属の上司

399 colleague [káliːg] 名 同僚 類 coworker(同僚)
My colleagues' support was very helpful.
私の同僚たちの支援はとてもありがたかった。

400 bulletin board 掲示板
The party info is on the bulletin board.
パーティーの情報は掲示板に載っています。

401 paper jam

紙詰まり

jamは「詰まった状態」「身動きがとれない状態」を指します。traffic jamなら「交通渋滞」。食べ物の「ジャム」も同じスペルです。

The copier has a paper jam again.
コピー機がまた紙詰まりだ。

402 office supplies 事務用品
We buy office supplies from one vendor.
私たちは1社のベンダーから事務用品を購入している。

403 cupboard [kʌ́bərd] 名 戸棚
a kitchen cupboard　食器棚

404 stationery [stéiʃənèri] 名 文房具；便せん
a stationery store　文具店

405 renovate [rénəvèit] 他 改修する
類 refurbish / remodel（改修する）
The employee lounge is being renovated now.
社員休憩室は今、改修中です。

406 leave [lí:v]

名 休暇

paid leaveは「有給休暇」、maternity leaveは「出産休暇」、parental leaveは「育児休暇」です。leaveの代わりにvacationも使えます。

Employees are entitled to 4 weeks of paid leave.
社員は4週間の有給休暇を取る権利がある。

407 overtime [óuvərtàim] 副 時間外で 形 時間外の
We must work overtime to get the job done.
私たちはその仕事を終えるために残業しなければならない。

408 shift [ʃíft] 名 交代勤務
I work the night shift today.　私は今日は夜の勤務だ。

409 break [bréik] 名 休憩
Let's take a break.　休憩しよう。

410 deadline [dédlàin] 名 締め切り；納期
Make sure when the deadline is.
いつが締め切りかを確認してください。

411 invoice [ínvɔis]

名 請求書；インボイス

「明細を記した請求書」のことで、日本語でも「インボイス」と言います。billも「請求書」の意味で使います。

I have received a $1,800 invoice for the moving.
私は引っ越し作業の代金として1800ドルの請求書を受け取った。

412 estimate [éstimèit] 名 見積(書)
類 quotation / quote (見積書)
an estimate for the work　その作業の見積書

413 notice [nóutəs] 名 通知；告知
until further notice　追っての通知があるまで

414 reminder [rimáindər] 名 思い出させるもの；注意喚起
a reminder about your appointment　あなたの予約の確認

415 brochure [brouʃúər] 名 パンフレット；案内書
a company brochure　会社案内

416 résumé [rézəmèi]

名 履歴書

CV (curriculum vitae)も「履歴書」です。cover letter(カバーレター)は志望動機などを書いた履歴書への添付書類です。

Please send us your résumé with a cover letter.
履歴書をカバーレターとともに送ってください。

417 **applicant** [ǽplikənt] 名 応募者
applicants for the manager's position
マネジャー職の応募者

418 **requirement** [rikwáiərmənt] 名 要件;必要条件
She meets all our requirements.
彼女は我々のすべての要件を満たしている。

419 **expertise** [èkspə:rtí:z] 名 専門知識・技能
expertise in accounting 会計の専門技能

420 **vacancy** [véikənsi] 名 欠員;空室 類 opening (欠員)
a job vacancy 仕事の欠員

421 personnel [pə̀ːrsənél]

名 人員；人事（部）

「人員」「人事（部）」の2つの意味で使います。the personnel department なら「人事部」。アクセントが最後にあることに注意。

The rescue personnel entered the flood-stricken area.

救助隊が洪水被災地域に入った。

---

422 human resources 人材；人事（部）

the human resources department　人事部

423 employee [implɔ́iiː] 名 社員；従業員

反 employer（雇用主）

a full-time employee　正社員

424 evaluation [ivæ̀ljuéiʃən] 名 評価

performance evaluation　実績評価

425 transfer [trǽnsfəːr] 他 自 異動［転勤］させる・する

I'll be transferred to the marketing department.

私はマーケティング部に異動になる予定だ。

426 architect [ɑ́ːrkitèkt]

名 建築家

TOEICには職業の単語が、特にPart 3と4の選択肢によく出ます。主要な職業を押さえておきましょう。

The art gallery was designed by a famous architect.

その美術館は有名な建築家が設計したものだ。

427 mechanic [mikǽnik] 名 整備士；修理工

a garage mechanic　自動車整備工場の整備士

428 plumber [plʌ́mər] 名 配管工

The plumber fixed a leaky faucet.

配管工が水漏れのある蛇口を直した。

429 janitor [dʒǽnətər] 名 用務員

a school janitor　学校の用務員

430 landscaper [lǽndskèipər] 名 庭師；景観設計士

The landscaper is trimming the hedge.

庭師が生け垣の剪定をしている。

431 agenda [ədʒéndə]

名 議題リスト；予定表

会議で話し合う「議題リスト」のことです。個々の「議題」にはtopicやsubject、itemなどを使います。

There are three items on the agenda today.
今日は議題リストには3つの項目があります。

432 handout [hǽndàut] 名 配付資料；プリント
The details are written in the handout.
詳細は配付資料に書かれています。

433 attendee [ətèndíː] 名 出席者
seminar attendees セミナーの出席者

434 minutes [mínəts] 名 議事録 ＊複数で使う。
Sakura, will you take the minutes?
サクラ、議事録を取ってもらえますか。

435 summarize [sʌ́məràiz] 他 要約する
Let me summarize today's discussion.
今日の議論を要約させてください。

436 terms and conditions

名 条件

契約や保険などで設定される「条件」の意味で使います。termsもconditionsも「条件」の意味で、2語を連ねた表現です。

Carefully read the terms and conditions before signing the contract.

契約書に署名する前に条件を注意深く読んでください。

437 negotiation [nigòuʃiéiʃən] 名 交渉

We are in negotiation with the supplier.

私たちはそのサプライヤーと交渉中だ。

438 agreement [əgríːmənt] 名 合意；契約

The two parties finally reached an agreement.

両者は最終的に合意に達した。

439 signature [síɡnətʃər] 名 サイン；署名

I need your signature here and here.

ここと ここにあなたの署名が必要です。

440 draft [drǽft] 名 草案；下書き

the draft of the contract　契約書の草案

441 research and development

研究開発

researchは「研究」、developmentは「開発」の意味で、2語を連ねた表現です。R&Dと略すこともあります。

Our budget for research and development this year is $14 million.

我々の今年の研究開発予算は1400万ドルである。

442 prototype [próutətàip] 名 試作品 類 mock-up(実物大模型)

a working prototype of the speaker　スピーカーの実用試作機

443 laboratory [lǽbərətɔ̀:ri] 名 研究所

a research laboratory　研究所

444 patent [pǽtənt] 名 特許

We applied for a patent for the new method.

私たちはその新しい手法の特許を申請した。

445 cutting-edge [kʌ̀tiŋédʒ] 形 最先端の

類 state-of-the-art (最先端の)

cutting-edge technology　最先端の技術

446 focus group

フォーカスグループ

マーケティングの重要語の一つです。商品やサービスについて意見を聞くために集められる消費者の小グループのことです。

Many good hints were raised during focus group discussions.

多くのいいヒントがフォーカスグループの議論で提起された。

447 consumer [kənsjúːmər] 名 消費者

a consumer survey　消費者調査

448 feedback [fíːdbæ̀k] 名 感想；反応

feedback from customers　顧客の感想

449 respondent [rispɑ́ndənt] 名 （アンケートなどの）回答者

Most respondents were satisfied with our services.

ほとんどの回答者は我々のサービスに満足していた。

450 loyalty [lɔ́iəlti] 名 忠誠心；愛顧

brand loyalty　ブランドの信奉

451 trade show

見本市

製品の発表・販促のために企業が集まって行う展示イベントのことです。tradeは「取引；貿易」の意味。trade fair、business showとも言います。

We got several contracts at the trade show.
私たちはその見本市で数件の契約を獲得した。

452 **advertisement** [ædvərtáizmənt] 名 広告
the TV advertisement for our new shampoo
私たちの新しいシャンプーのテレビ広告

453 **press release** 報道発表；プレスリリース
We'll issue a press release tomorrow.
私たちは明日、報道発表を行う。

454 **testimonial** [tèstimóuniəl] 名 推薦
testimonials from users ユーザーからの推薦

455 **competitive** [kəmpétətiv] 形 競争力のある；競争の
名 competitor（競争相手）
competitive prices 競争力のある価格

456 out of stock

在庫切れで

リスニングセクションで、買い物客と店員との会話でよく出ます。stockは「在庫」で、in stockなら「在庫があって」になります。

I'm sorry this item is now out of stock.
申し訳ありませんが、この商品は現在、在庫切れです。

457 outlet [áutlèt] 名 小売店；直販店；電気コンセント
a retail outlet 小売店

458 shop clerk 店員
The shop clerk recommended this sweater.
店員さんがこのセーターを勧めてくれました。

459 inventory [ínvəntɔ̀:ri] 名 (店内の) 在庫品；在庫リスト
The store checks the inventory every month.
その店は毎月、在庫品を確認する。

460 patronage [péitrənidʒ] 名 愛顧；支援
Thank you for your continued patronage.
変わらぬご愛顧をありがとうございます。

461 refund [rifʌ́nd]

他 返金する
名 [ríːfʌnd] 返金

refund（返金する）、return（返品する）、replace/exchange（交換する）はセットで覚えておきましょう。

We'll refund you in full if you aren't satisfied with our service.
当社のサービスにご不満でしたら、全額返金いたします。

462 warranty [wɔ́ːrənti] 名 保証（書）
a five-year warranty　5年間の保証

463 defective [diféktiv] 形 欠陥のある
defective goods　欠陥商品

464 repair [ripéər] 他 修理する　名 修理
My smartphone needs to be repaired.
私のスマホは修理してもらわないといけない。

465 wear and tear （通常使用による）劣化
We are not responsible for normal wear and tear.
私どもは通常使用による劣化には責任を負いません。

466 equipment

[ikwípmənt]

名 機器；用品

集合名詞として不可算で使います。electronics equipmentは「電子機器」、kitchen equipmentは「台所用品」です。

The new equipment was placed in the factory.
工場に新しい機器が設置された。

467 facility [fəsíləti] 名 設備；施設
manufacturing facilities　製造設備

468 assembly line 組み立てライン
The plant has three assembly lines.
その工場には3本の組み立てラインがある。

469 material [mətíəriəl] 名 材料
raw materials　原材料

470 component [kəmpóunənt] 名 部品
procure components
部品を調達する

471 courier [kə́ːriər]

名 宅配便；宅配業者

荷物の配送の場面でよく出ます。home delivery service とも言います。by courierで「宅配便で」という配送手段を表します。

Your order will be delivered by courier today.
お客様の注文品は今日中に宅配便で届けられます。

472 distribute [distríbjət] 他 流通させる；配布する
distribute our goods in the area　その地域に当社の商品を流通させる

473 warehouse [wéərhàus] 名 倉庫
I'll check the warehouse if it is in stock.
その在庫があるかどうか倉庫を確認します。

474 load [lóud] 他 荷積みする　反 unload（荷下ろしする）
It took one hour to load the truck.
トラックに荷積みするのに1時間かかった。

475 cardboard [káːrdbɔ̀ːrd] 名 段ボール
a cardboard box　段ボール箱

476 revenue [révənjùː]

名 収入

「会社に入ってくるお金の総額」を表します。他に会社の業績に使う単語には、sales（売り上げ）、profit（利益）、loss（損失）があります。

Our annual revenues increased by 18%.
当社の年間収入は18%伸びた。

477 budget [bʌ́dʒət] 名 予算
a tight budget 余裕のない予算

478 fund [fʌ́nd] 名 資金；基金
raise funds 資金を調達する

479 proceeds [próusiːdz] 名 (事業・イベントなどの) 収益
the proceeds from the concert コンサートの収益

480 reimburse [rìːimbə́ːrs] 他 払い戻す
名 reimbursement (払い戻し)
Any expenses will be reimbursed.
経費はどんなものでも払い戻されます。

481 rent [rént]

名 賃貸料
他 借りる；貸す

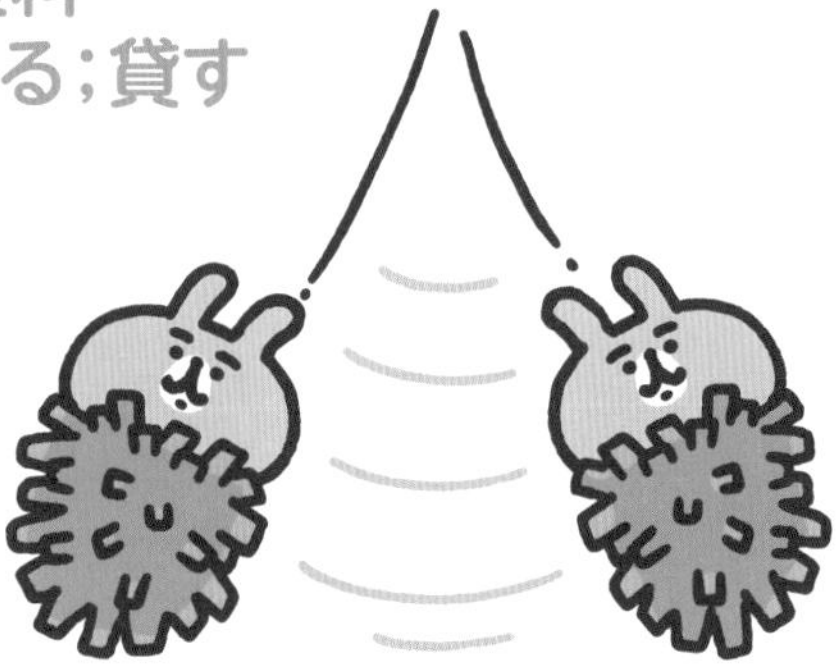

動詞では「借りる」「貸す」の両方に使えます。rent a room（部屋を借りる）、rent him a room（彼に部屋を貸す）。

The rent for this 2-bedroom apartment is $1,620 per month.
この2寝室のマンションの賃貸料は1カ月1620ドルです。

482 real estate 不動産 類 property（不動産；資産）
a real estate agency 不動産業者

483 floor plan 間取り図
I'll email the floor plan for the apartment.
そのマンションの間取り図をメールします。

484 landlord [lǽndlɔ̀:rd] 名 大家；地主
The landlord agreed to reduce the rent.
大家は賃貸料の引き下げに合意した。

485 fixture [fíkstʃər] 名 固定設備
lighting fixture 照明設備

486 board of directors

取締役会

会社の最高意思決定機関です。the boardと略して使うこともあります。directorは「取締役；役員」。

The board of directors finally approved the plan.
取締役会は最終的にその計画を承認した。

---

487 president [prézidənt] 名 社長 類 chairman (会長)
Alison Lee was appointed the new president.
アリソン・リーが新しい社長に指名された。

488 merger [mə́ːrdʒər] 名 合併
merger negotiations　合併の交渉

489 alliance [əláiəns] 名 提携
an alliance between the two carmakers　自動車会社2社の提携

490 startup [stáːrtʌ̀p] 名 新興企業；スタートアップ
The company was just a small startup five years ago.
その会社は5年前は小さな新興企業にすぎなかった。

491 industry [índəstri]

名 産業；工業；勤勉

名詞の意味に対応して、形容詞はindustrial（産業の；工業の）、industrious（勤勉な）の2種類があります。

Tourism is one of the main industries in Spain.
観光はスペインの主要産業の一つだ。

492 agricultural [ægrikʌ́ltʃərəl] 形 農業の
名 agriculture（農業）
agricultural land 農地

493 automobile [ɔ́:təmoubì:l] 名 自動車
an automobile company
自動車会社

494 mining [máiniŋ] 名 採鉱；鉱山業
gold mining 金の採掘

495 pharmaceutical [fɑ̀:rməsú:tikəl] 形 医薬品の
a pharmaceutical giant 医薬品大手

496 app [ǽp]

名 アプリ

application の略記で、英語では app であることに注意しましょう。weather apps で「お天気アプリ」。

Users are advised to download the newest version of the app.

ユーザーの方はアプリの最新版をダウンロードするようにしてください。

497 attach [ətǽtʃ]　他 添付する　名 attachment (添付書類)

I've attached the estimate to this email.

このメールに見積書を添付してあります。

498 forward [fɔ́ːrwərd]　他 転送する

I forwarded the notice to all team members.

私はその通知をチーム・メンバー全員に転送しました。

499 text [tékst]　他 ショートメッセージを送る

Text me when you arrive at the entrance.

玄関に着いたら、ショートメッセージをください。

500 upgrade [ʌ̀pgréid]　他 最新版にする；アップグレードする

upgrade the OS　OSをアップグレードする

501 manuscript

[mǽnjəskrìpt]

名 原稿

manu-(手で)+ script(書かれたもの)=「原稿」。手書きだけでなく、パソコンで入力したものにも使います。

Have you received the manuscript from her yet?

彼女から原稿をもう受け取りましたか。

502 author [ɔ́:θər] 名 著者;作家

a best-selling author ベストセラー作家

503 biography [baiɑ́grəfi] 名 伝記

類 autobiography(自伝)

a well-researched biography よく調査された伝記

504 autograph [ɔ́:təgræ̀f] 名 (有名人の)サイン

an autograph session サイン会

505 publish [pʌ́bliʃ] 他 出版する 名 publisher(出版社)

His first book was published in 2001.

彼の最初の本は2001年に出版された。

506 reception [risépʃən]

名 公式の宴会

reception は多義語で、「受付」「受理」「評判」などの意味もあります。a wedding reception（結婚披露宴）。banquet が同様の意味です。

The evening reception will be held in the ballroom of the hotel.

夜の宴会はそのホテルの宴会場で行われる。

507 **keynote speech** 基調スピーチ

The CEO made a keynote speech at the conference.

その会議でCEOが基調スピーチをした。

508 **attire** [ətáiər] 名 服装

formal attire フォーマルな服装

509 **gala** [géilə] 名 特別な催し；パーティー

a grand opening gala オープン記念パーティー

510 **venue** [vénjuː] 名 開催場所

a party venue パーティーの開催場所

よく出るビジネス・生活の連語

ビジネス・生活語の中には2語以上のまとまった表現（連語）として覚えたいものがあります。

back order 入荷待ち

box office 切符売り場

bricks and clicks 実店舗・オンライン併用

loyalty card お客様カード

payment method 支払い方法

prior experience 業務経験；それまでの経験

RSVP (Répondez s'il vous plaît.)
お返事ください ＊招待状に記される決まり文句。

self-wanted ad 求人広告

tax return 納税申告

track record （仕事の）実績

vending machine 自動販売機

wine and dine 接待する

応用編

生活語90

TOEICによく出る生活語には
日本の学習者になじみのないものがたくさんあります。
Part 1の写真描写問題の頻出語も含めて、
18グループにまとめて紹介します。

511 path ［pǽθ］

名 小道；散歩道

「道」を表す言葉は他に、trail（小道）、passageway（通路）、lane（小道；車線）、alley（路地）、esplanade（遊歩道）、street（街路）、avenue（大通り）、boulevard（大通り）など、たくさんあります。

A path goes along the stream.
一本の小道が小川に沿って走っている。

512 fountain ［fáuntən］ 名 噴水
The fountain is circled by water.　噴水は水に囲まれている。

513 vendor ［véndər］ 名 物売り；露天商　類 stall（露店）
a street vendor　街頭の物売り

514 pier ［píər］ 名 桟橋；埠頭　類 quay / wharf（埠頭；岸壁）
Ships are moored to the pier.
船が埠頭に係留されている。

515 bush ［búʃ］ 名 灌木《かんぼく》；茂み
a rose bush　バラの茂み

516 vehicle [víːəkl]

名 車両

乗用車からトラック、軍用車両にまで幅広く使えます。carは「乗用車」だけでなく、「鉄道車両」も指します。

Some crews are working around the vehicle.

車の周りで何人かの作業員が働いている。

517 vessel [vésəl] 名 船舶

a sailing vessel 帆船

518 statue [stǽtʃuː] 名 彫像

A statue stands in the square. 彫像が広場に立っている。

519 awning [ɔ́ːniŋ] 名 日よけ 類 canopy (ひさし)

Some diners are under the balcony awning.

何人かの食事客がバルコニーの日よけの下にいる。

520 reflection [riflékʃən] 名 反映

There is a mountain reflection on the lake.

湖には山の反映がある。

521 railing [réiliŋ]

名 手すり

Part 1で、lean over a railing（手すりから身を乗り出す）、lean on a railing（手すりにもたれかかる）の表現で出ます。

The two people are leaning over the railing.
二人の人が手すりから身を乗り出している。

---

522 staircase [stéərkèis] 名 階段
*階段全体を指す。個々の階段はstep。
a spiral staircase　らせん階段

523 hallway [hɔ́:lwèi] 名 廊下 類 corridor（廊下）
People are going down the hallway.　人々が廊下を歩いて行く。

524 patio [pǽtiòu] 名 テラス；中庭
There is a table and chairs on the patio.
テラスにはテーブルと椅子が置かれている。

525 mural [mjúərəl] 名 壁画
Some people are looking at the mural on the wall.
何人かの人々が壁の壁画を眺めている。

526 bin [bín]

名 ごみ箱；容器

trash（ごみ）を付けて、trash bin（ごみ箱）と言うこともあります。receptacle（容器）が類語です。

A woman is discarding something in the bin.
女性が何かをごみ箱に捨てている。

527 painting [péintiŋ] 名 絵
A painting is hung on the wall.　絵が壁に掛けられている。

528 ladder [lǽdər] 名 はしご 類 stepladder（脚立）
A ladder is leaning against the wall.
はしごが壁に立てかけられている。

529 couch [káutʃ] 名 ソファ；長椅子
An animal is sleeping on the couch.
動物がソファの上で眠っている。

530 windowpane [wíndoupèin] 名 窓ガラス
The man is wiping the windowpane.
その男性は窓ガラスを拭いている。

531 sweep [swíːp]

他 (ほうきで) 掃く

▶ 掃除関連では、vacuum (電気掃除機をかける)、mop (モップで拭く)、wipe (拭き取る)、polish (磨く)、tidy (up) (整頓する) の動詞のほか、broom (ほうき)、rake (熊手) などの名詞が重要です。

The woman is sweeping the veranda.
女性がベランダの掃き掃除をしている。

532 water [wɔ́ːtər] **他** 水をやる
A child is watering the plant. 子供が植物に水をやっている。

533 sew [sóu] **他** 縫う；繕う
One of the women is sewing a garment.
女性の一人が服を縫っている。

534 pour [pɔ́ːr] **他** 注ぐ
She is pouring water into the vase.
彼女は花瓶に水を注いでいる。

535 mow [móu] **他** 芝刈りをする
A man is mowing the lawn. 男性が芝刈りをしている。

536 pedestrian

[pədéstriən]

名 歩行者

「横断歩道」は英国ではpedestrian crossing、米国ではcrosswalkと言います。overpass（陸橋）やintersection（交差点）、parking lot（駐車場）、curb（縁石）も覚えておきましょう。

Pedestrians are passing the street.

歩行者たちが通りを横切っている。

---

537 traffic [trǽfik] 名 交通；車の流れ

Traffic is flowing in both directions.

車は両方向に流れている。

538 sidewalk [sáidwɔ̀ːk] 名 歩道

A woman is walking a dog on the sidewalk.

女性が歩道で犬の散歩をしている。

539 signal [sígnəl] 名 信号

a traffic signal　交通信号

540 sign [sáin] 名 標識

a road sign　道路標識

541 wear [wéər]

他 着ている

「着ている」という状態を指します。「着る」という動作はput onです。wear/put onの対象はclothes（服）だけでなく、scarf（マフラー）、cap（帽子）、gloves（手袋）などに幅広く使えます。

All road crews wear a helmet.

道路作業員は全員がヘルメットを着用している。

542 reach [ríːtʃ] 自 手を伸ばす

The woman is reaching for the fruit.

その女性は果物に手を伸ばしている。

543 hold [hóuld] 他 持っている；抱える

The man is holding a briefcase.

その男性はブリーフケースを抱えている。

544 carry [kǽri] 他 運ぶ

Two people are carrying a box.　二人の人が箱を運んでいる。

545 climb [kláim] 他 上る

A man is climbing the stairs.　男性が階段を上っている。

546 fold [fóuld]

他 たたむ；折る

fold（たたむ）－ unfold（広げる）、lock（カギをかける）－ unlock（カギを開ける）、bind（しばる）－ unbind（ほどく）、pack（詰める）－ unpack（取り出す）など、反意語とセットで覚えましょう。

A man is folding clothes.
男性が服をたたんでいる。

547 bind [báind] 他 束ねる

The woman is binding papers. その女性は新聞を束ねている。

548 pack [pǽk] 他 詰める

A man is packing things into the box.
男性が物を箱に詰め込んでいる。

549 stack [stǽk] 他 積み重ねる

A woman is stacking documents on the desk.
女性が書類を机の上に積み重ねている。

550 prop [práp] 他 立てかける

He is propping a bike against the tree.
彼は自転車を木に立てかけている。

551 lie [lái]

自 横たわる；置いてある

lieは自動詞で、人や動物が「横たわる」、物が「置いてある」の意味でPart 1によく出ます。一方、layは他動詞として使い、「横たえる；置く」の意味です。

A book lies open on the desk.
本がデスクの上に開いたまま置かれている。

---

552 adjust [ədʒʌ́st] **他** 調整する
A woman is adjusting the device.　女性が機器を調整している。

553 install [instɔ́ːl] **他** 設置する
Two men are installing the furniture.
二人の男性が家具を設置している。

554 serve [sə́ːrv] **他** 給仕する；出す
Food is being served on the table.
食べ物がテーブルに出されている。

555 occupy [ákjəpài] **他** 占める
All tables are occupied.　テーブルはすべて満席だ。

556 face [féis]

他 面している；向き合う

物が物に「面している」、人が人・物に「向き合う」の意味で使います。名詞で使うface to face（相対して）もよく出る表現です。

The window faces a lake.
窓は湖に面している。

557 **lead** [líːd] 自 通じる
A path leads to the lakeside.　小道は湖のほとりに通じている。

558 **fill** [fíl] 他 いっぱいにする
Some bowls are filled with fruit.
ボールはフルーツでいっぱいだ。

559 **cast** [kǽst] 他 （影を）落とす
The tower is casting a shadow on the street.
塔が通りに影を落としている。

560 **overlook** [òuvərlúk] 他 見下ろす
The room overlooks the ocean.　部屋は海を見下ろす位置にある。

561 accommodations

[əkàmədéiʃənz]

名 宿泊施設

動詞accommodateには「収容する」の意味があり、その名詞形で「宿泊施設」を表します。アメリカ英語では複数で、イギリス英語では単数（不可算名詞）で使います。

I've already arranged flights and accommodations for your trip.

あなたの出張のためのフライトと宿泊施設はすでに手配しました。

562 itinerary [aitínərèri] 名 旅程表

The itinerary includes the main historic sites in the city.

旅程表にはその市の主な歴史名所が入っています。

563 destination [dèstinéiʃən] 名 目的地

What is your final destination?

あなたの最終目的地はどこですか。

564 fare [féər] 名 運賃；料理

air fare　航空運賃

565 round-trip [ràund-tríp] 形 往復の　反 one-way（片道の）

a round-trip ticket　往復切符

566 baggage [bǽgidʒ]

名 荷物

荷物の総称として不可算名詞で使います。checked baggage（預け入れ荷物）、carry-on baggage（機内持ち込み荷物）。luggageも同じ意味で使えます。

Excess baggage needs additional charges.
超過荷物には追加料金がかかります。

567 board [bɔ́:rd] 自 他 搭乗する
This plane is now boarding. この飛行機はただいま搭乗を行っています。

568 depart [dipɑ́:rt] 自 出発する
Our flight will depart at midnight.
私たちのフライトは深夜に出発する。

569 land [lǽnd] 自 着陸する 反 take off（離陸する）
My plane landed at Haneda on time.
私の飛行機は定刻に羽田空港に着陸した。

570 carousel [kæ̀rəsél] 名 回転式コンベア
I couldn't find my baggage on the carousel.
回転式コンベアに自分の荷物を見つけられなかった。

571 excursion [ikskə́ːrʒən]

名 小旅行；遠足

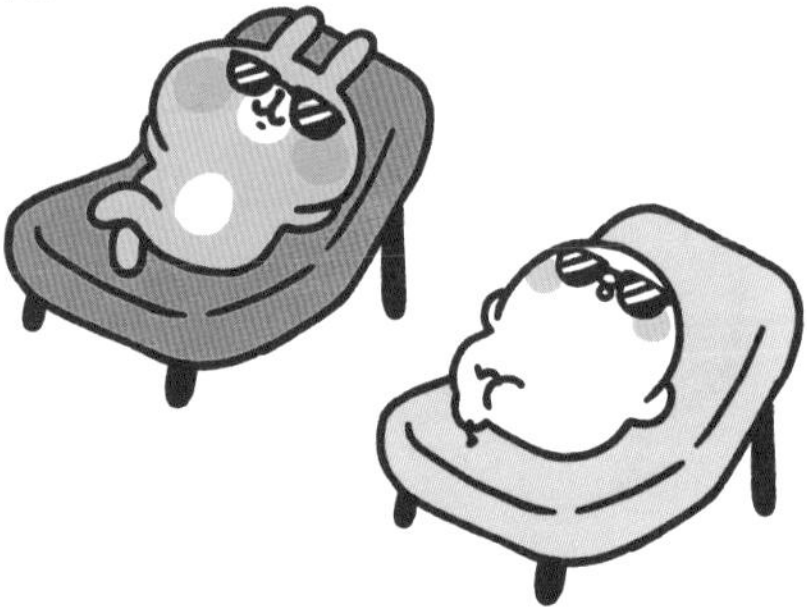

集団で行く「小旅行」のことで、outingが同様の意味です。travelやtripが一般的な「旅行」を表し、tourは「周遊」、voyageは「船旅」、expeditionは「探検；小旅行」の意味で使います。

The tour includes an excursion to Versailles.
このツアーはベルサイユへの小旅行を含んでいます。

572 sightseeing [sáitsìːiŋ] 名 観光
a sightseeing spot 観光名所

573 district [dístrikt] 名 地区
a historic district 歴史地区

574 botanical [bətǽnikəl] 形 植物の
a botanical garden 植物園

575 souvenir [sùːvəníər] 名 お土産
a souvenir of Hawaii ハワイのお土産

576 beverage [bévəridʒ]

名 飲み物

水以外の飲料を指し、メニューなどで使われます。complimentary beverages（無料の飲み物）はよく出る表現です。

Light meals and beverages will be offered for free.

軽食と飲み物が無料で提供されます。

577 cuisine [kwizí:n] 名 料理

vegetarian cuisine 菜食料理

578 ingredient [ingrí:diənt] 名 材料

All ingredients came from local farmers.

食材はすべて地元の農家から提供されたものです。

579 culinary [kʌ́lənèri] 形 料理の；食べ物の

culinary delights 食の楽しみ

580 refill [rí:fìl] 名（飲み物の）おかわり 他 [rìfíl] 注ぎ足す

Would you like a refill?

注ぎ足しましょうか。

581 utensils [juténsəlz]

名 用具；器具

家庭や台所で使う用具を指し、複数で使います。cooking utensilsは「調理器具」、kitchen utensilsは「台所用品」です。

Our shop carries a variety of kitchen utensils.
当店はさまざまな台所用品を販売しています。

---

582 **cutlery** [kʌ́tləri] 名 食卓用金物類；カトラリー
Cutlery has already been set on the table.
カトラリーはすでにテーブルにセットされています。

583 **stove** [stóuv] 名 （ガス・電気）コンロ
First, heat a pan on the stove. まずフライパンをコンロで熱してください。

584 **microwave** [máikrəwèiv] 名 電子レンジ
You can cook this easily in the microwave.
これは電子レンジで簡単に調理できます。

585 **refrigerator** [rifrídʒərèitər] 名 冷蔵庫
I'll check the refrigerator to see if any milk is left.
ミルクが残っているかどうか冷蔵庫を見てみるよ。

586 shopper [ʃápər]

名 買い物客

shopper(買い物客)、customer(商店・企業の顧客)、client(専門的なサービスの顧客)、guest(招待客;ホテルなどの客)などのように、英語では「顧客」を種類によって区別して表現します。

The shops along the street are crowded with shoppers.
通り沿いの店は買い物客で混雑している。

---

587 browse [bráuz] 自 見て回る
I'm just browsing. 見ているだけです。

588 cashier [kæʃíər] 名 会計係
Can you present coupons to the cashier?
クーポンは会計係にご提示ください。

589 expiration date 有効期限;賞味期限
the expiration date of my credit card
私のクレジットカードの有効期限

590 installment [instɔ́:lmənt] 名 分割払い(の1回分)
You can pay in installments.
分割払いでもお支払い可能です。

591 exhibition [èksibíʃən]

名 展覧会;
展示会

美術品の「展覧会」、商品などの「展示会」に使います。on exhibitionで「展示中で」という表現になります。動詞はexhibit(展示する)です。

The City Museum is staging an Ukiyo-e exhibition.
市立美術館は浮世絵の展覧会を開催している。

592 admission [ədmíʃən] 名 入場料
Admission is free for city residents. 市民の入場料は無料です。

593 donation [dounéiʃən] 名 寄付
Any donation is greatly appreciated.
寄付をしていただければとてもありがたいです。

594 sculpture [skʌ́lptʃər] 名 彫刻
There are a lot of sculptures in the park.
その公園にはたくさんの彫刻がある。

595 auditorium [ɔ̀:ditɔ́:riəm] 名 音楽堂;公会堂
The classical concert will be held in the new auditorium.
クラシックのコンサートが新しい音楽堂で開催される。

596 prescription

[priskrípʃən]

名 処方せん

write a prescription（処方せんを書く）、fill a prescription（処方せんの薬を出す）の表現で覚えておきましょう。

Please have your prescription filled at the pharmacy.

薬局で処方せんの薬を出してもらってください。

597 patient [péiʃənt] 名 患者 反 physician（医者）

The patient recovered soon after the treatment.

その患者は治療をしてからすぐに回復した。

598 symptom [símptəm] 名 症状

common symptoms of a cold 風邪の一般的な症状

599 diagnosis [dàiəgnóusis] 名 診断

A blood sample is necessary for an exact diagnosis.

正確な診断には血液サンプルが必要です。

600 diet [dáiət] 名 食事；ダイエット 類 nutrition（栄養）

I must follow a strict diet.

私は厳しく制限された食事を取らなければならない。

どんなふうに受験するの？

前日はゆっくり休んで英気を養う

TOEICは2時間を費やすかなり過酷なテストです。リスニングは45分間集中して聞かなければならず、リーディングは時間との戦いになるので、終わったときはけっこうぐったりします。

そんな試験なので、前日はゆっくり休んで英気を養っておく必要があります。夜遅くまで仕事や遊び、深酒をしないことです。十分な睡眠時間を確保して、当日にベストな状態になるように準備しましょう。

持ち物・会場への道順をチェック

試験当日は忘れ物をしないようにしましょう。受験票に写真が貼られているかを確認しましょう。身分証が一番忘れがちなので、家を出る前にチェックしましょう。鉛筆（シャーペン）は予備が1本あるほうが安心です。試験中の時間の確認にスマホは使えないので、腕時計を用意しておきましょう。

試験会場の最寄り駅までの電車、駅から会場までの道順やかかる時間も確認しておきましょう。

試験会場の雰囲気に慣れる

試験会場には余裕をもって入るようにしましょう。机の上には、マークシートと受験案内がすでに準備されています。机についたら必要事項を記入しておきましょう。試験開始の25分前になるとトイレに行けなくなるので、それまでに済ませておきましょう。目を閉じて、深呼吸すれば気持ちを落ち着かせることができます。

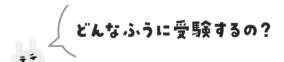

試験会場は冬は寒かったり、夏は冷房が効きすぎていたりすることがあります。夏は上に羽織るものを一枚もっていくといいでしょう。冬場は膝掛けが重宝します。

リスニングでは振り返らない

リスニングは音声に従って進みますが、大切なことは「後ろを振り返らない」ことです。聞き損なっても、潔くあきらめて次の問題に備えることが大切です。前の問題にこだわっていると次の問題も聞き損ねることになりかねません。

リーディングでは時間配分を考えて

リーディングは解ける問題を確実に解くという方針で進めましょう。わかりそうもない問題に時間を割くのは無意味です。わからなければ適当にマークして次に進みましょう。

リーディングは時間を自分でコントロールできるので、公式問題集を何度も解くなかで自分なりの時間配分をおおよそ決めておきましょう。時間配分は〈Part 5・6〉〈Part 7 シングルパッセージ〉〈Part 7 マルチプルパッセージ〉で考えるのがいいでしょう。

あきらめずに最後まで力を出し切る

テストではうまくいかないこともあるものです。リスニングで聞き取れない問題が多い、リーディングが早く進まずに焦る、文法問題が意外とわからない、等々。大切なのは最後まであきらめずにベストを尽くすことです。途中でやる気をなくしてしまうのは最悪です。

Never give up. の精神で最後まで自分の力を出し切りましょう。そうすれば、結果は自ずとついてくるものです。

INDEX

本書に収録する全見出し語600のさくいんです。
単語の検索や覚えたかどうかの確認に利用してください。

Q

R

S

T

●著者紹介

イラスト：カナヘイ　Kanahei

イラストレーター・漫画家。

ガラケー向けのイラスト配信から全国でブームとなり、2003年に女子高生イラストレーターとして「Seventeen」（集英社）にてプロデビュー。

以降、出版、モバイルコンテンツ、企業広告、キャラクターコラボ、「りぼん」（集英社）での漫画連載など幅広い活動を続け、20～30代の男女を中心に多くのファンを持つ。

「ピスケ＆うさぎ」を中心とした「カナヘイの小動物」シリーズは国内外でグッズ展開されており、LINE主催のアワードではグランプリのほか受賞多数。

文：成重 寿　Hisashi Narishige

三重県出身。一橋大学社会学部卒。TOEIC® 対策本や単語集を中心に英語書籍の執筆・編集活動を行っている。TOEIC® L&R TEST 990点満点。
主要著書：『TOEIC® L&R TEST 英単語スピードマスター mini☆van 3000』、『TOEIC® TEST 必ず☆でる単スピードマスター』、『TOEIC® L&R TEST 必ず☆でる熟語スピードマスター』、『TOEIC® L&R TEST 英文法スピードマスター 入門編』、『TOEIC® L&R TEST 英文法スピードマスター 900点突破編』、『ビジネスで1番よく使う英単語』（以上、Jリサーチ出版）など。

イラスト	カナヘイ
カバー・本文デザイン／DTP	株式会社レミック／加納啓善（株式会社山川図案室）
ナレーター	Howard Colefield／Karen Haedrich／藤田みずき
英文校正	CPI Japan
編集	成重 寿／野坂愛佳

カナヘイの小動物
ゆるっと♡おぼえる
TOEIC® L&Rテスト
英単語

令和5年（2023年）10月10日　初版第1刷発行

著者　カナヘイ／成重 寿
発行人　福田富与
発行所　有限会社 Jリサーチ出版
〒166-0002　東京都杉並区高円寺北2-29-14-705
電　話　03（6808）8801（代）　FAX　03（5364）5310
編集部　03（6808）8806
https://www.jresearch.co.jp
印刷所　株式会社　シナノ パブリッシング プレス

ISBN978-4-86392-600-4

やり取りをしたことで、度胸の据わったリーンに躊躇《ためら》いはなかった。

「はっ！」

踏み込んでイマームに向かって剣を振る。イマームは仰天した顔で避けた。だが、リーンがすかさず繰り出した二太刀目《ふたたちめ》は避けきれなかった。剣先で上着を斬られたイマームは、バランスを崩して倒れた。振動でランプが落ち、家の中は真っ暗になる。

今だ！

リーンはその隙を見逃さなかった。勝手知ったる自分の家だ。確認してあった荷物を摑むと外へ出て、ラクダに乗ると一気に走り出した。

「くそっ、何をしているターハ！　早く追いかけろ！」

イマームの怒鳴り声が聞こえてきたが、ターハが追ってくることはなかった。ターハは終始呆《ほう》けたように立っているだけだったのだ。


リーンは隊商ルートに出て、ちょうど行き合った足の速い隊商と、四日目の早朝に東オアシスへ無事たどり着いた。旅の間中、イマームの追手がかかるのではと落ち着かなかったが、杞憂《きゆう》に終わった。

東オアシスは霧が立ち込めていた。緑豊かなヤシの木が並ぶ景色を目の当たりにしたリーンには、すべてが蜃気楼《しんきろう》ではないかと思えた。

隊商の中継地である東オアシスは、湧き出る水を湛えたエメラルド色の大きなオアシスを取り囲むようにして、マクドゥ第三の街エランがある。多くの人々が暮らし、王宮の出張所が置かれ、街の治安を預かる警備隊もいた。

商いが盛んで、運ばれてきた荷があちこちで取引され、他の地に送り出される荷が再びラクダに積まれていく。

街の通りにはケバブやパンや煮込み料理の屋台が軒を連ね、辺りにはいい匂いが漂っていた。所狭しと商品が並べられた宝飾品や衣類の店では、主《あるじ》が客を呼び込んでいる。

砂岩造りの建物があるかと思えば、テントが斜めになって今にも倒れそうな構えの店や、家と家との隙間に露店が現れ、ごった返す街並みの何もかもが珍しく、リーンはお上りさんの如《ごと》くきょろきょろしながら歩いていた。

「そこのボク、母さんや姉さんの土産にどうだい？」

店のおばさんが手に持った赤や黄色のスカーフをひらひらさせる。兄のお古を着てグトゥラを深く被っているので、リーンは華奢《きゃしゃ》な少年にしか見えないのだ。

「欲しいけど、持ち合わせがなくて…」

買えない値段ではない。ゆっくり眺めたいけれど、そんなことをしに来たのではないのだと我慢する。

「ああ…、そうかい。そりゃあ残念だ」

継ぎはぎだらけの服を着たリーンを、貧乏だと思ったのだろう。

「おばさん、東オアシスには離宮があるよね」

「離宮？　あんなところへ行ってどうするんだい？」

エランの街の外れにあるらしい。

「誰か住んでいるの？」

「さあ…、今は誰もいなかったんじゃなかったかねぇ」

いくつかの店で聞いたが、やんごとなき方が住んでいるとか、使われなくなって久しいとか、盗賊の巣窟になっているとか、話はまちまちだ。

「おじさん、東オアシスに王子ファイサルがいらっしゃるって聞いたんだけど…」

空腹になったリーンはパンの屋台に寄って、どれを買おうか物色しながら主に聞いた。

「王子ファイサルねぇ。どの王子ファイサルかな」

「え？　どの王子？」

「坊主は田舎《いなか》の村住まいかね？」

「うん」

「なら知らんな。今の王様もファイサルというお名だ。即位してすぐに後宮を廃止してしまわれたが、前の王様にはそりゃあたくさん寵妃《ちょうひ》がいたんだよ。だから子供も多くてなぁ」

他国に婿入りしたり野に下ったりして数は減ったらしいが、二十五歳くらいから下に、数人の王子ファイサルがいるようだ。

ファイサルは昔の賢王の名で、王族や貴族はもちろん庶民もこぞってつける。シャムラン村にもファイサルは何人かいた。

「王子ではないが、わしもファイサルだ」

おじさんは笑って自分を指し、甘いデーツ餡《あん》の入ったパンをひとつおまけしてくれた。

腹を満たしたリーンは、王子ファイサルや離宮のことや『ジンの岩山』近くで事件がなかったかなど、あちらこちらで聞き歩いた。だが『ジンの岩山』と言っただけで、口にするなと怒り出す人もいて、芳しい答えは得られなかった。

共同の水場でラクダに水を飲ませ、空になった水筒に水を補充した。リーンは人通りの少ない通りの隅に腰を下ろし、残してあったデーツ餡のパンを食べようと手にしたままぼんやりしていた。

「王子ファイサルが何人もいるなんて…」

旅人が立ち寄ることも稀《まれ》なシャムランのような村には、情報はなかなか入ってこない。入ってきても古い情報で、知らないこともたくさんあるのだ。

リーンは治療院にも行ってみた。怪我人が来れば覚えているのではと思ったからだ。だが医者からは、刺された、斬られたと駆け込んでくる患者は毎日のように来ると言われてしまった。

荷運び人夫や隊商の護衛など、荒っぽい男たちが集まる街だ。酒場で酔っ払って諍《いさか》いを起こすこともあるのだろう。訪ねた時、医者は荷崩れで怪我をした人夫の治療にてんてこ舞いだった。

初日に成果が出るとは思っていなかった。それでも、少しは父と兄の消息に繋がる情報を得られると期待していたのだが…。

「そんなに簡単に事は運ばないわ」

二人は生きていないのではないか。殺されて砂の中に埋められているのではないか。魔物に食べられてしまったのではないか。

悪い方へと考えがどんどん傾いて、意気消沈してしまう。

リーンは持っていたパンを齧《かじ》った。パンにはデーツの餡がたっぷり入っていて、濃厚な甘さが口いっぱいに広がる。疲れた身体に力が湧いて、沈んでいた気持ちが浮上してくる。

「落ち込んでなんていられない」

立ち上がって手で尻をはたくと、離宮に行ってみることにした。

スカーフ屋のおばさんが教えてくれたとおり密集した建物を抜け、街を外れると途端に人《ひと》気《け》がなくなった。北西側は岩石砂漠のようで、東オアシスの背後を守るように高い岩場が続いていた。

このまま行っていいのか、一旦戻るべきか。迷いながら進んでいると、岩場にへばりつくように建物があった。

「あれだわ」

ラクダの手綱を引きながら、砂礫《されき》の道を徒歩で離宮に近づいた。

離宮を覆うように半円型の塀が巡らされていた。門はぴたりと閉じられ、門番も警備する兵も見当たらない。王族が暮らしているとしたら大勢使用人がいるはずだが、人の気配はまったく感じなかった。

「誰も住んでいないのかな」

塀の周りを歩いていると日が沈み始めた。諦めて戻ろうかと思った時、くぐり戸が少し開いているのを見つけ、リーンは中を窺って忍び込んだ。

そこは植物が生い茂る中庭だった。オアシスから水を引いているのだろう。色とりどりの花が咲いている。

塀の中に入ってしまえば、吹き抜けになっている離宮にはどこからでも出入りできるようで、リーンは等間隔に柱が並んでいる間から離宮に入った。

「灯りを持ってくればよかった」

日が沈み、離宮の中は暗かった。壁に手を当てて探りながら歩いていると、不気味な笑い声が聞こえてきた。リーンは身を竦《すく》ませた。

広い離宮の中に、また笑い声が反響する。ここで亡くなった人の霊が彷徨《さまよ》っているのではないか。

リーンは離宮に忍び込んだことを後悔した。そして、外に出ようと後退《あとずさ》った時、いきなり背後から肩口に手が伸びてきた。

「いやぁーっ！」

リーンは叫んだ。腰が砕けそうになって、壁に縋って逃げようとすると、ふわりと馨しい香りがした。

この香りは…。

と思った瞬間、伸びてきた手がリーンの首に回され、さらに、股間を摑まれた。

えええええぇぇぇぇっ！

「ぎぃやぁーっ！」

今度は絹を引き裂くような悲鳴を上げると、あれ？　と間の抜けた男の声が聞こえた。

霊じゃない！　人間だ！

前ばかり気にしていて後方が疎《おろそ》かだったとはいえ、近づかれていたことにまったく気づかなかった。

男はリーンの股間を弄《まさぐ》り、あろうことか胸まで触りだす。

「ひっ！」

貞操の危機に瀕《ひん》したリーンは縛《いまし》めを解こうと、自由になる左手でグトゥラごと背後の男の髪を摑んで引っ張った。

「いてっ、おい、やめろっ！　放せ！　ハゲるじゃないか」

「そっちこそ放せっ！」

両足を振り上げて暴れていると、離宮の奥からいくつかの足音と共に、ゆらゆらと灯りが近づいてくる。

奥に仲間がいたんだ！

いよいよ危機に直面したリーンは必死に足掻《あが》いた。

「盗人《ぬすっと》かぁ？」

「おいおい、ここに盗みに入る間抜けがいるとはなぁ」

「まったくだ」

そんなことをしゃべりながらやってきたのは四人の男だった。

リーンは焦った。背後の男は髪を引っ張っても腕を緩めないし、縛められているぶん、砂漠で盗賊に出くわした時よりも状況が悪い。

剣が抜ければ戦えるのに。

暴れながら手を伸ばしたが、どうやっても柄に届かない。

「なんだ。ガキじゃねぇですか。若、いつから少年趣味に？」

右の目尻から口の端まで傷のあるスカーフェイスの男が、ランプの灯りでリーンを照らし出して言った。

「ばっ、バカ！　そんな趣味はない！」

リーンを捕まえていた男は怒鳴って、突き飛ばすようにリーンを解放した。

リーンは素早く振り返って男に斬りつけようと剣の柄に手をかけた。しかし、抜くことはできなかった。男の動きはさらに早くて、抜く前に柄頭《つかがしら》を押さえられてしまったのだ。

「くっ！」

悔しくて、ランプの灯りに浮かび上がった男の顔を睨《にら》みつけたリーンは、心臓が止まるかと思った。

「あ……」

そこにいたのは、先日助けてくれた『青の人』だったのだ。


リーンは呆然としている間に剣を奪われ、囲炉裏《いろり》を中央に設《しつら》えてある居間のような部屋に連れてこられた。

抵抗しても無駄だと諦めた。剣があっても自分の腕前では無意味だ。『青の人』に恥ずかしい場所を触られた衝撃も大きくて、身体が動かなかったのだ。

また会えたらいいなと思っていた。けれど、まさかこんな再会になるとは想像すらしていなかった。

『青の人』があんなことするなんて…。

男たちは食事をしようとしていたのか、囲炉裏の周りには、焼いた肉や、パンが盛られた皿が置かれ、鍋からはいい匂いの湯気が上がっていた。料理を取り囲むように無造作に置かれたクッションに男たちは座り、『青の人』だけはなぜか少し離れたところの椅子に腰かけて、訝しげな顔でリーンを見ていた。

私を覚えていないんだ。

あの出会いは、リーンにはとても大切な出来事だったが、『青の人』にとってはどうでもいいことだったのだろう。

リーンは悲しかった。そして、恋心を抱いた自分を心の中で愚か者と罵った。

『青の人』は盗賊の一味だったんだ。

髭面やスカーフェイスの男は、人殺しを平気でしそうないかにも悪辣《あくらつ》な顔つきだ。縛めないのも、喚いたら殺してしまえばいいと思っているからではないか。

あの時盗賊を殺したのは、私を救うためではなく、縄張り争いか何かで彼らを追っていたからじゃないかしら。たまたま私が逃げる盗賊と出くわして、足止めしているところに追いついて、これ幸いと皆殺しにしたんじゃ…。

そう考えると、突然あの場に現れたこともしっくりくる。

「まぁ、そこに座れ」

大柄な男が空いているクッションを指した。グトゥラを深く被り、青ざめた顔で立っていたリーンはびくっと肩を震わせた。

たとえ、身を汚されたとしても絶対に生きてここから出るのだと、父と兄を見つけるまでは死ねないと、兄の服をきつく握り締めて自分に言い聞かせる。

殺すつもりならとうに殺しているわ。

リーンは大柄な男が示したクッションの上に座った。素直に従っていれば殺されることはないと思ったのだ。

「それで、お前はここに何しに来たのだ？　離宮には金目のものがあるとでも思ったのか？　盗人なんかやめて真面目《まじめ》に働くのだ」

「私は盗人なんかじゃない！」

おとなしくしていようと思っていたのに、大柄な男に盗人呼ばわりされたリーンは思わず叫んでしまった。

「坊主、男が私ってなんだ」

髭面の男がガハハと笑えば、それは女だ、と『青の人』がぼそっと言った。

「女？　お前、娘っ子か。どうしてそんな格好をしている」

男たちはリーンに目を剝いた。ここでもリーンが女だと誰も気づいていなかった。

「おいおいおい、いかんぞ。若い娘に抱きつくなんて」

髭面の男が肩越しに『青の人』を仰ぎ見る。

「抱きついたわけじゃない」

「若、まさか、いつもみたいに股座《またぐら》摑んだんじゃないだろうな」

「押さえ込むにはあれが一番手っ取り早いんだ」

スカーフェイスの男があけすけに言うと、『青の人』が仏頂面で答える。

「確かに男には有効だけどよぉ…」

摑まれたことを想像したのかスカーフェイスの男は傷のある右頰を歪め、他の男たちも、娘っ子にそれはマズイだろう、と非難めいた顔をする。

「暗がりでどんなヤツかもわからなかったんだぞ！　女なら痛くないし」

椅子から立ち上がって訴える『青の人』に、

「だからって、なぁ」

「てっきり、あれを握り潰されて悲鳴を上げたんだと思ったが…」

「そりゃあ男が抱きついてきて触られたら、悲鳴を上げるわな」

「かわいそうに、とんだ災難だったな」

男たちは同情する言葉を口々に投げかけてくる。

成り行きについていけないリーンはきょとんとした。

「盗人ではないというお前の言葉、とりあえずは信じよう」

「あなたたちは盗賊じゃ…ないの？」

リーンが問うと、男たちはどっと笑った。

「ほぉら、ヌーフのせいで間違われちまった」

スカーフェイスの男が髭面の男に言った。

「まてまて、お前の顔が怖いからだぞ、ガニー」

髭面の男ヌーフが、スカーフェイスの男ガニーに言い返す。

「こんな奴らがいたら、胡散臭いと思われても仕方がないが、俺たちは盗賊ではない」

大柄な男が囲炉裏にかけられた鍋の中を覗きながら言った。

「いきなりむさ苦しい男に囲まれて、怖かっただろう」

優しい笑みを浮かべてリーンに剣を返してくれたのは、どこか父と同じ匂いを感じる年嵩《としかさ》の男だった。

「タハル、剣を渡すのは尚早だ」

「相変わらず硬いな、お主は。とりあえずは信じたのだ。返してやってもいいだろう」

年嵩のタハルは老獪《ろうかい》だと思った。

剣を渡された私がどう動くか見るつもりなのね。

逆に、大柄な男は生真面目なのだろう。正面から疑いの目を向けてくる。

リーンが剣を返そうと差し出すと、大柄の男は、構わん、と掌《てのひら》を見せて押しとどめた。

「さて、俺たちのことは後で話すとして、まず、若は彼女にきちんと謝罪をするべきだが、する気はあるのか」

「わかってる。悪かった。後ろからでは女だってわからなかった。それは本当だ。信じてくれ。すまない」

皆に非難されたからか、『青の人』は謝罪の言葉を口にしたのだが…。

なんなのよ、この渋々の棒読み謝罪は。私の身体を触りまくったくせに、こんな謝り方されたって嬉《うれ》しくないわ。それに…。

謝罪の仕方よりも、問題なのはリーンの身体だった。弄られた手の感触が残っていて、未だに触れられているようなのだ。触ったのが『青の人』だと思うと、じわりと項《うなじ》が熱くなってくる。

「えっと…」

『青の人』は謝罪の返事を待っているようだが、リーンは答えに窮した。

気にしてないなんて言えない。いきなりあんなところを触ったんだもん。許せるはずないじゃない。

ちらりと見れば、『青の人』はどこか不貞腐《ふてくさ》れたような表情をしている。向こうは向こうで謝罪させられたことに納得できていないのだ。

だが、そのむすっとした顔もかっこいいと思ってしまい、冷静になれ、と手にしていた剣を握り締めた。

私のことちっとも覚えていないのに…。

魅《ひ》かれてしまうのだ。だから、忘れられているのだと思うと悲しくなってきて、無駄にかっこいいって罪になればいいのに、などと理不尽なことを考えてしまう。

ため息をついて顔を上げると、青い瞳がリーンをまじまじと見つめていた。

見てる。私のこと、見てる。

リーンは居たたまれなくなって、斜め下に視線を動かした。

「若、そんなに睨んだらかわいそうだろう。怖がってるぞ」

「ガニー、俺は睨んでなんかいないぞ。どこかで見た気がして…」

思い出してくれた？

視線を上げると『青の人』は顎に手を当てて考え込んでいる。

「どこかで会ったっていうのは、女を口説く常套句《じょうとうく》じゃねぇか」

「ヌーフ、そんなんじゃない」

ヌーフの突っ込みに、『青の人』は慌てて否定する。

「会ったとは言っていない、見たと言ったんだ。彼女が着ている服の肘や裾の継ぎの具合に見覚えがあって…」

顔は忘れているのに服の継ぎ当ては覚えているって、どうなのよ。

リーンはむうっと唇を尖《とが》らせる。

「どこだったかなぁ。最近こき使われすぎて、寝不足で頭がはっきりしない」

『青の人』は遠い目をしていたが、ぽんと手を叩いて窺うように聞いてきた。

「もしかして、ウサーマ…か？」

「ウサーマは若の友人じゃねぇか」

「そのウサーマじゃなくて、ガニー、ほら、ちょっと前に襲われていたのを助けただろう」

「あれは男のガキだったじゃん。若、しゃべっていたんじゃね。顔を見なかったのか？」

「見てない。男の形《なり》をしてグトゥラを深くかぶっていたし、ちょうど日が昇ってきて、逆光ではっきりしなかったんだ。だが、その服は覚えているぞ。ウサーマだ」

私の顔、見えてなかったの？　だったら気づかなくても仕方がないわ。そうか、そうだったんだ。

「はい」

機嫌が直ったリーンは、グトゥラを脱いでぺこりと頭を下げた。

上手く化けてたな、可愛《かわい》い娘っ子じゃないか、きれいな髪の色だぞ、とヌーフとガニーが囁《ささや》き合う。

「あの時は助けてくださってありがとうございました。きちんとお礼も言えなくて気になっていました。私はシャムラン族のニダールの娘リーンです」

リーンが名乗ると、『青の人』は驚いた。

「シャムラン族のニダール…。お母上譲りの紫色の瞳に明るいシドルハニーの髪色。そうか、君はウサーマの妹か」

『青の人』が椅子から身を乗り出した。

「兄を知っているの？」

「ウサーマという親友がいると言っただろう」

今度はリーンが驚く番だった。親友と同じ名だと言っていたが、それがまさか自分の兄だとは思いもしなかったのだ。

「そうか。君がウサーマの妹か。そうか、君が」

『青の人』はひとりで納得して頷いていたが、突然、

「俺は君の婚約者だ」

と言った。

「婚約者…」

婚約者って、なんだっけ？

驚きが突き抜けてしまうと、思考が働かなくなるらしい。

「おーい、聞こえてるか」

固まっていたリーンは軽く額を突かれ、『青の人』を見上げた。

「こっ、婚約者？　そんなのいつ決まったの？　父様から何も聞いていないし」

「決まったのは二年ばかり前か。ウサーマに貰ってくれと頼まれた」

「兄様に頼まれたぁ？」

兄は彼にいったいどんな話をしたのか。調子に乗って、あることないことぺらぺらしゃべったのではないか。

「しばらく会っていないが、ウサーマは元気か？　ははは、あいつが病気で寝込むなんてことはないな。ウサーマから俺のことを聞いているだろう？」

屈託なく聞かれたリーンは、兄は…と詰まった。

「聞いていないのか？　俺はファイサルだ」

「ファイサル！」

『青の人』の名前に狼狽《うろた》えた。

二十五歳くらいの王子ファイサルがいるって、パン屋のおじさんが言ってた。まさか…。

目の前のファイサルはそのくらいの年齢だ。居間の雰囲気から離宮に住んでいるようだ。

だとすれば、兄と親友になったいきさつはわからないが、彼は王族ではないか。

「あなたは王子ファイサルなの？」

ファイサルは一瞬目を見張ったものの、

「だったらどうする？」

と、とぼけたように言った。リーンがどんな反応をするか楽しんでいるようだ。

「正直に答えて」

「俺が王子だったら妻にしてくれとでも言うつもりか？」

おどけるファイサルにリーンはかっとなった。

「あなたは、私の父ニダールと兄ウサーマを殺したの？」

片膝を立ててリーンが剣の柄を握ると、和やかだったファイサル以外の男たちが瞬時に豹《ひょう》変《へん》した。

リーンは息を飲んだ。男たちに剣先を突きつけられていたのだ。自分の方が先に構えたのに、彼らの素早い動きにまったくついていけなかった。

「待てっ！」

少しでも動けば、四本の彎刀に身体を貫かれるという一触即発の状況。それを制したのはファイサルだった。

「剣を収めろ」

男たちの白刃が引かれると静かに息を吐いた。だが、リーンは姿勢を崩さず柄からも手を離さななかった。

「ウサーマが殺されたとはどういうことだ」

「ごまかそうったって…」

「ごまかしてなどいない」

ファイサルは真剣な面持ちだったが、リーンは信じられなかった。

「あなたは自分がファイサルだと名乗ったじゃない」

「ファイサルなんてよくある名前じゃん。人混みに石を投げれば必ず当たる、ってくらいゴロゴロいるもんな」

「おい、場の空気を読め」

混ぜっ返したガニーを、タハルが窘《たしな》める。

「王子じゃない…の？」

立てていた膝が崩れて力なく座り込んだ。張り詰めていた気持ちが切れて、涙が滲んできてしまう。

「何があった。できるだけ詳しく話せ」

慌てて袖口で目元を拭ったリーンだったが、どう話していいのか考えが纏まらなかった。

「若、そう急かさずとも」

タハルが落ち着くまで待つように言い、ヌーフがミント水をくれる。

「ありがとう」

清々《すがすが》しいミントの香りの冷たい水は、リーンを落ち着かせてくれた。

村に増税の通達が来たところから、『ジンの岩山』付近で二人が襲われたことや、遺体がなかったこと、襲ってきた者が王子ファイサルの名を口にしたことなど、知る限りの情報を渡した。

男たちはうーんと唸《うな》った。荒唐無稽な話だと思われたのだ。

「遺体がないのは、生きている証拠だ」

「怪我をした二人はどこかに潜んでいるのだろうと私も思いました。だから、東オアシスに来ているかもしれないと探しに」

「君があんな場所にいたのはそういう理由か」

「いえ、あれは…」

東オアシス行きに自分だけ置いてきぼりを食ったので、こっそり追いかけていた時だったのだと話すと、ファイサルは呆れ顔になる。

「あの後、ちゃんと家に帰りました」

「そういうことじゃない。お転婆もたいがいだ。これでは嫁の貰い手がないとウサーマが心配するはずだ」

リーンは恥ずかしくなって肩をすぼめる。

兄様ったら、そんなことまでしゃべって。

「ここに忍び込んだのはどうしてだ。王子ファイサルを仇《かたき》と狙ってか」

大柄な男が会話に割り込んだ。

「違います。父たちは離宮の王族に訴えに行くと言っていたので、ここに来たら手がかりがあるんじゃないかと思って。もしかしたら王子ファイサルがいるかもしれないし。もちろん王族には簡単に会えないってわかってます。でも会えたら、直接確認したいの。本当に父と兄を襲ったのかどうか」

「それで東オアシスまでひとりで来たのか？」

「シャムラン村から隊商ルートまで出て、行き合った隊商と一緒に今朝《けさ》着きました。村の人たちは魔物を怖がって誰も助けてくれないから」

「だが、若い娘がひとりで行動するのは感心せん。それに、人様の邸《やしき》にこっそり忍び込むのもどうかと思うぞ。盗人と間違われて殺されていたかもしれんのだからな」

タハルに注意され、リーンは父に叱られているような心持ちになり項垂《うなだ》れた。

「勝手に入ってごめんなさい。…帰ります」

「帰るって、これからシャムランの村に帰るつもりか」

立ち上がったリーンをファイサルが引き止めた。

「父と兄を見つけるまでは帰りません。エランの街で宿を探します。なければ野宿してもいいし」

「まったく、君は本当に考えなしだな」

「なっ！　そんな言い方ってないわ」

食ってかかるとファイサルに額を指で弾かれた。

「いったぁい！」

兄もこういうことをよくするが、こんなに強く弾かれたことはない。

「痛いじゃない！」

「痛くしたんだ。田舎娘は知らないだろうが、エランの街だって安全じゃない。身ぐるみ剝がされてどこかに売られちまうぞ。カラム」

ファイサルは大柄な男を見た。

「ああ、暗くなったらさらに危険だ。ここに泊まっていけばいい」

大柄な男カラムが泊まるよう勧めてくれる。

「でも、早く探さないと。こうしている間にも、父と兄は…」

「俺だって二人が心配だ。焦る気持ちもわかる。だが、ただ闇雲に走り回っても結果は出ないぞ」

ファイサルの言い分は正しい。リーンはぐうの音も出なかった。

「今日着いて、一日中歩き回っていたんだろ。腹は減ってないか？」

ヌーフが薄焼きパンの乗った皿を差し出してくれる。焼き立ての美味《おい》しそうな匂いが食欲をかき立てるのに、食べたいとは思わなかった。

リーンは力なく頭を振った。


離宮に泊めてもらうことになったリーンは、水場に案内してもらい顔や手足を洗った。髪も洗いたいが諦める。沐浴場《もくよくじょう》を勧められたが断ったのだ。ただでさえ、婚約者だなどと嘯《うそぶ》く男がいるのだ。カラムやタハルたちも悪い人ではないと思うが、見ず知らずの男しかいない離宮で、裸になって水浴びなどできない。

それからファイサルに連れていかれたのは、砂塵《さじん》に汚れた服で入るのは申し訳なくなるほど小綺麗《こぎれい》な部屋だった。

「荷物はないのか」

「あっ、ラクダに積んだままくぐり戸の外に」

「暢気《のんき》だな」

取りに行こうとすると、ファイサルに肩を掴まれる。

「取ってきてやるから座ってろ」

「自分でと……っ」

振り返ると、鼻の頭がくっつきそうになるほど近くにファイサルがいた。無駄に整っている顔は眼福を通り越して凶器だ。リーンはかあっと顔が赤くなって視線を泳がせると、ファイサルはそんなリーンに目を細め、ふっ、と笑った。

「火を点《つ》けておいてくれ」

さっさと部屋を出ていってしまう。

「……し、心臓に悪い」

間近であの顔を見ると息が詰まりそうになる。

「絶対にわざとやっているのよ。小馬鹿にしたみたいに笑ったし。だいたい婚約者だとか言ってからかうし」

どきどきしている心臓を落ち着かせようとしたが、あまり効果はなかった。勝負に負けたようで悔しい。

これからは絶対に動揺しないこと、と誓いを立てる。

外観からは奥行きのない建物に見えた離宮は、岩場を一部くりぬいて建てられているようで、中はかなり広いようだ。案内された部屋には岩壁のままの壁があって、メダリオン柄の織物がかけられている。いくつかある明かり取りの窓からは夜空が見えた。

部屋の中央には小さな円形の囲炉裏が設えてあり、取り囲むようにクッションが並んでいる。隅には小ぶりなテーブルと、その上には華奢な蠟燭《ろうそく》立てが置かれ、しっかりとした造りの寝台もあった。

「どんな人が使っていたのかな」

シャムラン村の小さな家に暮らすリーンには想像もつかない。

ランプから焚きつけに移した火を囲炉裏に入れたリーンは、寝台に腰かけようとして躊躇した。薄汚れた服で座ると、張られた白い布を汚してしまいそうだ。座り心地のよさそうな床のクッションも同様で、新しい服に着替えるにも、脱いでいる最中にファイサルが戻ってきたらと思うと、躊躇ってしまう。

「私にはもったいない部屋」

慣れた人には居心地がいいのだろうけれど、自分にはこういう部屋は分不相応な気がする。汚しやしないか、壊しはしないかと気を張って、くつろげそうもない。

「使用人用の部屋とかあるはずよね。替えてもらおう」

リーンは隅のテーブルの横に立って、ファイサルが戻ってくるのを待った。そして、兄と親友だというファイサルに、父と兄を探すのを手伝ってもらえないか、と考えていた。

しばらくして、リーンの荷物を背負い、山盛りに料理を乗せた盆と水差しを持ってファイサルが戻ってきた。

「おい、入るぞ」

きょろきょろと部屋の中を見回し、薄暗い隅っこで隠れるようにして立つリーンを見つけたファイサルは、ぎょっとした顔になった。

「そんなところに突っ立って、何をしている」

「あ、いえ…なんとなく…」

どこにいればいいのかわからないんだもん。

「霊かと思ったぞ」

ファイサルは盆を囲炉裏の脇に置き、リーンに荷物を渡してくれる。

「霊がいるの？」

荷物を抱き締めると、ファイサルの口の端が上がった。

「嘘ね」

「嘘ではない。古い離宮だからな。いないとも言いきれないぞ」

心外だとでもいうように胸に手を当てるファイサルに、リーンは頬を膨らませて疑いの目を向けた。

「そうむくれるな」

可愛い顔が台無しだ、と頬を突っつかれ、リーンは顔を赤くした。

ずるい。可愛い顔なんて言われたら、文句も言えないじゃないの。

「ラクダは中に入れて、水と餌をやっておいた」

「ありがとうございます。あの…」

違う部屋に替えてほしいと頼むと、気に入らないのか、とファイサルは部屋を見回す。

「狭苦しいか？」

「狭苦しい？　まさか。こんなに立派な部屋じゃなくて、使用人部屋とかでいいの」

「ふむ。そこを開けて中を照らしてみろ」

メダリオン柄の壁掛けをファイサルは指した。壁掛けを手でめくると、

「うわぁ…」

リーンは声を上げた。

リーンたちがいる部屋の何倍もの広さの部屋に繋がっていたのだ。ランプの灯りが小さすぎて奥まで光が届かない。織物は壁掛けではなく、隣の部屋の目隠しだった。

シャムランの家が二軒くらい入っちゃう。

天蓋付きの立派な寝台がリーンの目を引いた。上から吊《つ》るされている薄絹が微《かす》かに揺れているのは…。

霊じゃないよね。流れ込む空気が揺らしているのよ。

寝台から他の家具へと目を逸《そ》らすと、さすが王族が使う離宮だと思った。カウチやテーブルなどの家具は、リーンにも高級な品だとわかる。

「だからここが使用人部屋だ」

主部屋に続く侍女部屋らしい。だが、リーンにはここでも十二分に立派な部屋なのだ。

「そっちを使ってもいいんだぞ」

「とんでもない」

リーンは両手を差し出して振った。

お姫様気分を堪能してみたいけど、あんなに広い部屋にひとりで寝るなんて…。

家族の気配を常に感じる家で暮らしてきたから、ここで寝るのは怖いと言ったら、ファイサルはなんて言うだろうか。

「遠慮することはない」

「ここで十分です」

「怖いのか？」

「違うわ！」

正直に怖いと言え、とにやりと笑う。そうすると、ファイサルの端整な顔はちょっぴり危険な男の顔に変わった。

こんな顔するなんて、ずるい！

立てた誓いはどこへいったのやら。かっこいい顔にドギマギしてしまう。

「怖くないわ」

リーンはプイっと顔を背けてファイサルから離れた。

この人、王子様じゃない！　絶対違う。優しくないし、からかうし、意地悪だし。ファイサルは母の語ってくれた物語の主人公にはまったくそぐわない。

そりゃあ、私が勝手に、思い込んでただけなんだけど…。

そっぽを向いているリーンにファイサルは肩を竦めると、囲炉裏端のクッションの上に座った。小鍋に水を注いで火にかけ、運んできた料理をせっせと並べ終えると、リーンを手招きした。

ここで一緒に食事するつもりなの？

二人きりだと思うと肩に力が入ってくる。なにしろ、リーンは父と兄以外、男の人と二人きりで食事をしたことがないのだ。

村の若い男性から交際を求められても、おとなしい娘の振りをして逃げ回り、会話も最小限で済ませていた。長々としゃべっていると粗が出てしまうからだが、剣も使えない自分よりも弱い男が嫌いなのだ。

こんなことなら、さっきの場所で食べればよかった。

後悔しても遅かった。早く座れと急かされる。リーンはおずおずと近寄ってクッションの上に腰を下ろした。

「聞きたいことは山ほどある。だが、まずは食べろ。腹が減っていなくても食べろ。食べないと疲れも取れない」

肉や野菜を挟んだ薄焼きパンを差し出される。

誰が作ったのだろう。ファイサルを含む五人の中の誰かには違いない。見た目は美味しそうでも味はどうなのか不安だ。けれど、せっかくファイサルが勧めてくれたのだから、断るのも申し訳ないとパンを受け取る。

ファイサルはリーンの倍の肉を追加してパンに挟み、齧りついている。

「旨《うま》いぞ」

幸せそうな顔で食べるので、リーンもパンを口にした。

えーっ、何これ。外はかりっと、でも中はしっとり。薄焼きパンなのにどうして。焼き方なの？　粉が違うの？　お肉の味付け具合もすごくいい。

相反する歯ごたえが交互に来るパンは風味も抜群で、香辛料の利いた肉の旨味はリーンの食欲を呼び覚ます。

自分で思っていた以上に空腹だったようだ。飢えた幼子のように無心にパンに齧りつき、ぺろりと食べてしまった。

「いい食いっぷりだ」

くーっ、お腹《なか》は空《す》いてたけど、どうしてゆっくり食べなかったのよ。

己を叱責していると、伸びてきたファイサルの手が、口の端をかすめて離れていく。

「ついてた」

パンくずを摘《つ》まんだ指を、ファイサルがぺろりと舐めた。リーンの顔にぽっと火が点いた。耳まで燃えるように熱い。

バカバカ、私のバカ。

「腹が減っていれば、ぱくつきたくなる」

ファイサルの言葉はリーンの救いにはならなかった。今すぐにでも、尻の下のクッションに顔を埋《うず》めたい。いや、いっそ、ここから逃げ出したかった。

真っ赤になってもじもじしていると、ファイサルが顔を覗き込んでくる。

「なんだ、恥ずかしかったのか？　気にするな」

「…気にします」

「俺しかいないだろう」

それが大問題なの。

「気取ってちまちま食べればよかったと思っているのなら、やめておけ。こっちはイライラするし、第一、美味い料理が不味《まず》く見える」

そういう女性と食事をしたことがあるのかしら。

ファイサルに言い寄る女性は多いだろう。結婚はしていないようだが、恋人はいるのかもしれないと思うと、胸の奥がちくっとする。

誰と食事してたっていいじゃない。私の理想とする王子様とは違ったんだから。

「ほら、これも食べろ」

パンくずを摘ままれたことを気に病んでいるのだと勘違いしてか、ファイサルはリーンを鼓舞するように、ごった煮の入った丸い器を指した。鍋の中でいい匂いの湯気を立てていた煮込みだ。

ファイサルはちぎった薄焼きパンで煮込みをすくって食べ、口元を綻《ほころ》ばせている。リーンも同じようにしてみた。

「美味しい」

「だろう。ヌーフは料理上手なんだ」

ヌーフって、あの髭面の…？

驚いた顔をしたからだろう、ファイサルが愉快そうに笑った。

「びっくりだろう。自他共に認める食いしん坊で、あいつの作る料理はどれも旨い」

「パンもお肉もヌーフさんが？」

リーンは目を丸くした。盗賊と見間違うようながさつそうな男が、こんなに細やかな味付けの料理を作ると思わなかった。店を開いても十分やっていける。今すぐにでも教えを請いたいほどだ。

「料理に自信があるから、いらないと言われてしょげていたぞ」

「せっかく勧めてくれたのに、悪いことしちゃった」

しょんぼりすると、褒めればすぐに浮上するさ、とファイサルは慰めてくれた。

食事が済むと、ファイサルは小鍋に沸いていた湯でコーヒーを入れてくれた。香辛料の利いた香り豊かな甘いコーヒーは、緊張の連続だったリーンの心をほぐしてくれる。

「少しは元気が出たようだな」

柔らかな眼差しに、心から心配していたのだとわかる。からかったのも、気分を軽くしようと気遣ったからだろうか。

「迷惑をかけました」

「迷惑だなんて思っていない。誰だって家族の行方がわからなくなれば動揺する。まぁ、君ほど行動力があるのは珍しいが」

ファイサルは楽しそうな顔で、想像以上だ、と呟いた。

想像以上？　それって、想像以上に変な娘ってこと？

問うてみたいが、そうだと言われたら落ち込みそうだ。

言われたからってなんなの。変な娘だって思われても結構。私の想像していた王子様じゃないし、兄様の友達ってだけで、私とは関係ないんだから。

こうして自分を納得させようとするものの、心の中はもやもやしてしまう。

「それじゃあ、もう少し話を聞かせてくれ」

リーンは気持ちを切り替えて頷いた。

「増税の知らせは役人が持ってきたんだな」

「多分そうだと思うんだけど、私はよく知らないの」

「一緒に行った村人は信用できるのか。彼らが嘘をついているということはないか？」

「二人は父と親交があって、私もよく知っている近所のおじさんなの。悪い人ではないわ。だけど、話を聞きに行っても魔物を怖がっているのか、詳しく話してくれなかった」

明日は父と兄が刺されたと聞いた『ジンの岩山』まで行くつもりでいる。

「その二人や、他の村人は捜索の助力を申し出てくれなかったのか？」

魔物を恐れていること、腕の立つ者がいないこと、他人に構う余裕が村人にないことをリーンは説明した。

「村では、父が王子ファイサルに無礼を働いたから、殺されたんじゃないかって、噂が広まっていて…」

「バカな。君のお父上がそんなことをするものか」

ファイサルは低い声で吐き捨てた。

「信じてくれるの？」

「もちろんだ」

「本当に？」

「そんなに俺は信用がないのか」

ファイサルの青い瞳が真っ直ぐ見つめてくる。リーンが目を伏せようとすると、ファイサルがリーンの右手を摑んだ。とっさに手を引こうとしたが、強く握られる。大きな手は固い豆ができて、ごつごつしていた。

「この手で剣を握っていたんだな」

声は少し笑いを含んでいたけれど、からかっているのではないようだ。

「こんな華奢な手で」

リーンの手を握ったファイサルは、親指で手の甲をゆっくり撫でた。それから、ファイサルのもう片方の手が、リーンの頰に触れた。

ファイサルの手から彼の肘、がっしりとした肩、首、そしてファイサルの顔へと、リーンが視線を動かしていくと、最後に、温かな眼差しが待っていた。

「頑張ったな」

鼻の奥がつんとした。

「誰も助けてくれないから、ここまでひとりで来るしかなかったのか。すまない。きついことを言った」

二人を見つけるまでは泣くまいと決めたのに、優しい言葉をかけられたリーンの紫の瞳に涙が滲んで、眦《まなじり》から零《こぼ》れそうになる。リーンは零すまいと視線を上に向け、ゆっくりと呼吸した。

「皆、父と兄のこと……忘れて、しまったみたいになって…。生きて、るのに。まるで、いな、かたみ、た、っ…」

溜め込んでいたものが噴き出してきて、わなわな震える唇を噛み締めた。

握られていた手が引っ張られ、ファイサルに抱き寄せられる。とん、と胸に顔がぶつかり、溢《あふ》れそうになっていた涙は、ファイサルの服に吸い込まれていった。

ファイサルは盗賊から救ってくれた時のように、頭を撫でてくれた。何度も、何度も。

馨しい香りのする広い胸に抱かれていると、縋りつきたくなってしまい、リーンはファイサルの胸に当てた手を固く握り締めた。

「辛かったな」

辛くなんてない、と言いたい。でも、噛み締めた唇を開けば嗚咽《おえつ》になってしまう。

「君のお父上はシャムシールの使い手として有名な人だ。ウサーマも強い。二人が易々《やすやす》とやられることはない」

母が旅立った時、どんなに悲しくても、どんなに辛くても、母は二度と戻ってこないとリーンは知った。そして、人は、この世界に生きているすべてのものは、生まれた時から死に向かって生きていくのだということも。

しかし、こんなふうに父と兄が一度に消えてしまうとは、想像もしなかった。

二人は生きていると信じている。

けれど、ひとり取り残されたリーンは寄る辺を失ったように感じていた。孤独に押し潰されそうで怖かった。

それでも、泣いたり、弱音を吐いたりしなかった。自分が崩れてしまったら、二人は帰ってこないと思ったのだ。

認めてしまったら…。

喪失感の暗闇に埋もれて、二度と這い上がれなくなってしまう。

「二人は生きている」

たったひとりで必死に足を踏ん張って暗闇に抗《あらが》っていたリーンは、ファイサルの言葉で救われた。

信じてくれる人がいる。父や兄を心配してくれる人がいる。

「我慢するな。泣けばいい」

溢れた涙はファイサルの胸を濡《ぬ》らしていく。

声を上げて思いっきり泣けば、少しは楽になるのかもしれない。

けれど、リーンは必死に嗚咽を堪え続けた。

うー、頭が痛い。どうして…。

リーンは眠りから覚めた。

すごくいい匂いがする。

リーンが思いっきり息を吸って身じろぎすると、ふっ、と傍で誰かが笑った。

兄様？　もうっ、またなんか悪戯《いたずら》しようとしてるんでしょ。でも、この香りは…。

リーンが目を開けると、青い瞳がぼんやりと見えた。

「あれ？　とう、さま…？」

「くっくっくっ、父様と呼ばれるとは…」

笑いを含んだ声は父ではなかった。

そうだ。この香りはっ！

一気に覚醒したリーンは、青い瞳の人物が誰なのか把握し、思いっきり突き飛ばした。けれど、相手はびくともせず、代わりに自分の身体が後ろにずれて、寝台の上から落ちそうになる。

「きゃっ！」

「おっと」

落ちかけていた身体を軽々引き戻され、リーンはファイサルの腕の中に収まった。馨しい香りに包まれたリーンはうっとりしてしまう。

「いきなり突き飛ばすとは思わなかったぞ」

金の髪！

煌《きら》びやかな髪にリーンは目を見張った。まるで王冠を被っているようだ。グトゥラを脱いでいるファイサルを見たのは初めてで、こんなに美しい金髪だとは思わなかったのだ。長い金糸を鳥の尾羽のように結んでいる。

「これか？　突き飛ばすほど驚くことか？　確かに、マクドゥでは珍しいが…」

ファイサルは金髪を摘まんで引っ張ったが、リーンには一緒に寝ていたことが問題なのだ。

「お返しだ」

言い訳する間もなく脇の下を擽《くすぐ》られる。

「んぎゃっ、ひゃははっ…、あはっ、あはははは……」

きわどい場所に触れられて、笑いが止まらなくなる。

「やっ、やめっ、変なとこ、さわんな、いで！」

「謝罪は？」

私が悪いの？　突き飛ばしたから？

「だって…、っふふふふ、ど、して、ひゃあーははは…」

「どうして一緒に寝ているのかと聞いているのか？」

ひーひーと笑って返事ができず、身体を捩《よじ》りながらこくこく頷くと、

「君が俺にしがみついて寝てしまったからだ」

うそぉ。

昨夜、ファイサルと話をしていて泣いたのは覚えているが、その後のことはまったく記憶にない。ファイサルが言うように、泣きながら寝てしまったのだろう。頭が痛かったのはそのせいなのだ。

「あはははは…、ごめんなさい、ぐふふふ……お願い、もうやめて！」

息も絶え絶えになんとか謝ると、やっと手を止めてくれた。

「ウサーマから聞いていたが、擽ったがりだな」

昨日から身体を触られてばかりいて恥ずかしくてたまらないのに、今も互いの吐息がかかるほど密着して、ファイサルの体温を全身で感じている。激しい心臓の鼓動を聞かれてしまいそうだ。

「放して」

リーンは抗った。

「どうしようか」

とぼけたように言う。

「ファイサルさんって兄様みたい」

上目遣いに睨むとファイサルは笑った。

「父様の次は兄様か」

「だって兄様…、兄はいつも私をからかったり悪戯したりするんだもの」

「ファイサルさん、はやめてくれ。さんはつけなくていい」

「でも…」

つけるのなら、と両手で擽る真似《まね》をするので、リーンは白旗を上げた。

「じゃあ、呼んでみろ」

「ふ…、ファイサル」

青い瞳が嬉しそうに細められ、やっと拘束を解いてくれた。

「婚約者にさんは必要ないだろ」

ファイサルはむくりと起き上がると、リーンの頬を軽く摘まんだ。

「妹は美人だって自慢していたが、まさかこんなにきれいで可愛いとは思わなかったぞ」

「きっ…、かっ…」

頬を引っ張られたまま、リーンは真っ赤になって口をパクパクさせた。

いつものリーンなら、調子のいい物言いに眉を顰《ひそ》め、ファイサルの手を思いっきり叩くところだが、おろおろするばかり。

「貰ってくれって言うくせに、村には近づくなと念を押すし。時々あいつの言うことが理解できん。だが、俺のこと話には聞いてるだろ？　え？　本当に聞いていないのか？」

隠れじゃじゃ馬に似合いのヤツがいるぞ、って兄様が言っていたのは『青の人』なの？

確かに、顔は好みにどんぴしゃり、だ。

強くて、かっこよくて、窮地を救ってくれた彼にリーンは恋をした。だが、兄の思惑に乗るのは釈然としない。

だいたいかっこよくたって、性格が兄様と似てるんだもの。

とんでもないと首を振ると、聞いてないのか、とファイサルは残念そうな顔をした。

勘違いしてるみたいだけど、面倒だし、いろいろ突っ込まれそうだから、このまま知らん顔しちゃえ。

「婚約とか以前に、あなたの名前も知らなかったもの」

「ウサーマめ。俺は聞いても教えてもらえなかった。それ以外はいろいろ聞いたが…」

「いろいろ？」

「お父上から剣と体術を習っているお転婆娘で――」

ファイサルの口から恥ずかしい昔話が次から次へと出てくる。それは家族しか知らないことや、リーン本人がすっかり忘れてしまっていることなどで、つまり、黒歴史だ。

「わーっ！」

リーンはファイサルの口を塞《ふさ》ごうと手を伸ばしたが、簡単にいなされ、逆に手を掴まれると押し倒された。

「口を塞ぐ時はこうするんだ」

そう言うと、ファイサルはリーンに口づけた。

えええええぇぇぇぇぇぇ！

王子様との出会いを夢見る娘が必ずといっていいほど想像するのは、初めての口づけだ。

強引に奪われることだって、想像しなかったわけではないけれど…。

それはあまりに突然やってきた。

まさか、まさかだ。起き抜けに擽られ、過去の恥ずかしい話を羅列された挙句、押し倒されて口づけられるとは。

こんなんじゃなーいっ！

さらに、リーンは唇を触れ合わせるのが口づけだと思っていた。両親がよくそうしていたからだ。

父が出かける時だったり、美味しい食事の礼だったり、ちゅっと唇を合わせて微笑み合っている二人を見て育ってきたので、そう思い込んでいたのだ。

なのに、ファイサルは唇を塞ぐと、離れるどころか唇を吸ったり舐めたりする。

なんでぇーっ？

年頃の娘がほとんどいないシャムラン村では、話の合う友達はいなかった。自分より弱い村の若者は眼中になく、異性とのつき合いを避けていたリーンにも責任はあるだろう。リーンの知らないところで、兄が村の男たちに目を光らせていたのも大きい。

母から聞かされていたのはお伽噺のような父との出会いと、二人が恋に落ちるまでの話だけ。リーンの母も幼い愛娘《まなむすめ》に男女の睦《むつ》み合いは語らなかった。

結果、リーンはあまり知識のないままこの齢まで来てしまったのだ。

互いの唇が醸し出す音は生々しく、凍えた時のように、羞恥で身体が震えてくる。抵抗しようにも、両手は顔の横で寝台に縫いつけられていた。強く握り締められた手首は折れそうなくらい痛いし、のしかかっているファイサルは重石《おもし》になって身動きが取れない。

ひやっ、口の中に…。

歯列を割って舌が入り込んできた。

「ん、んん…」

ファイサルの舌が口腔《こうこう》を這いずり回る。ファイサルの舌が逃げ惑うリーンの舌に絡みつき、口腔内の唾液をかき混ぜる。柔らかいところをねろねろと舌先で擦られると、むず痒《がゆ》く、項がぞくりとして総毛立ってしまう。

リーンは固く目を閉じていた。

息が…できない。くる…し…。

鼻で息ができることを忘れていた。身体は熱くなり、息苦しさから意識が遠のきそうにな

ってくる。村で打ち鳴らされる太鼓のように心臓の音は身体中に鳴り響いて発作を起こしそうだ。

「ふぅくっ…、ん…」

眉根を寄せてもがいていると、ファイサルはやっと解放してくれた。

いくら憧れの人でも許せることと許せないことがあるのよ！

文句のひとつも言わなければと目を開けると、ファイサルが笑って見下ろしていた。

はうっ。

青い瞳に心臓を撃ち抜かれ、動悸《どうき》が一層激しくなる。

うっとりするような香りと眩しい笑顔、さらに、王冠のような金髪の輝きが加わったファイサルは、夢に見た王子様そのものだったのだ。

ぼうっと顔に見とれていると、濡れそぼった唇を指で拭われた。リーンは慌てて両手で口元を押さえた。

「こっ、こんなの、許可してない！」

わなわなと震えて抗議すると、唇を隠した手の甲を啄《ついば》んでファイサルは身体を起こした。

ぎゃっ！　と叫んだリーンは飛び起きると、ファイサルと距離を置き、手の甲と唇を袖口でごしごし擦った。

「それはあんまりだ」

ファイサルは眉尻を下げ、不満げに肩を竦める。そんなしぐさも妙にかっこよくって、ときめきが一向に治まらない。

ダメダメダメ！　見てくれに騙されちゃ。かっこいいからって私の理想の王子様じゃないんだから。中身はあの兄様に似てるのよ。それに、何をしている人なのかもわからないんだから。

「あんまりなのはそっちよ。好き勝手して！」

流されるものかと指を突きつけると、ファイサルは不思議そうな顔をした。

「婚約者でも許可が必要なのか…。ふむ、それは知らなかった。しかし、そんなに怒ることか？」

ファイサルは顎に手を当てて首を傾げる。リーンが怒っている理由がわからないようだ。

悪いことをしたって、これっぽっちも思ってないのね。

「婚約なんてしてないんだから、許可以前の話なの。はっ、初めてだったのにぃ！」

拳を握って叫ぶと、ファイサルはちょっぴり気まずそうなそぶりを見せた。

「なに、なんなの！」

「あー、五度目だ」

「え？」

「可愛い寝顔だった、から」

「なっ、なんですってぇーっ！」

寝ている間に四回も奪われていたらしい。

悔しい。気がつかないなんて。

爆睡していた自分が情けなくなる。

「旨そうなのが目の前にあれば味見くらいするだろう。俺のものだし」

当然だろうとファイサルは嘯いている。

いったいなんなのこの人。

怒りが突き抜けて、呆れてしまった。

このよくわからない主張、似てるなんてもんじゃないわ。まるで兄様じゃない。

ファイサルが兄に似ているのか、兄がファイサルに似ているのか、さすがにあの兄の親友というだけのことはある。

うっとうしいけれど、リーンは兄が好きだ。兄に愛されているのもわかっている。だが、兄の愛と思考は変化に富んでいて、リーンには理解できない時がある。

その兄とそっくりな人が婚約者を詐称している。性格や思考も同じならば、これほど煩わしいことはない。

治まった頭痛がぶり返しそうで、リーンはこめかみを指で押した。

ファイサルの前で涙は零しても声を上げて泣かなかったのは、リーンの意地だった。それですっきりしたのかと言えば微妙だが、ファイサルに話したことで、不安は少し解消された。

だが、新たな頭痛の種が生まれてしまった。

「婚約なんてしてないって言ってるでしょ」

「したくないならしなくてもいい。あんなのは形式だ。ウサーマがくれたのだから、俺のものだ」

「くれたってなに。私は兄様のお皿じゃないんだから」

ファイサルは、皿？　と眉根を寄せた。

「ウサーマの皿は欲しくないが……」

「お皿はたとえだって」

「わかっている」

イライラが募って爆発しそうだ。

心ならずも唇を奪われてしまったからか、どこか開き直っている自分がいた。

泣くのを我慢している不細工な顔を見られちゃったし、げらげらと大口を開けて笑っているところも見られたし、今さらよね。私が何をしても、何を言っても、ファイサルはこれっぽっちも気にしてないみたいだし。

物静かなおとなしい娘の振りをしても意味はない。するだけ無駄だとわかれば、強気で自分の主張もできる。

会話は嚙み合っていない気もするけど…。

「だったら…」

「ウサーマと約束した」

「兄様は関係ない。私は約束していないし。婚約なんかより、今は兄様と父様を探す方が大事なの」

「婚約なんかとはひどい言いようだが、捜索が急を要することはわかっているぞ」

真剣な青い瞳に嘘偽りはない。

やっぱりきれいだなぁ。

父の青い瞳が大好きだ。美しい青色はリーンに安らぎをもたらしてくれる。しかし、ファイサルの瞳は魔物の目をはめ込んだくらいに危険だった。安らぎなんかこれっぽっちも得られない。ちょっぴり慣れてはきたけど、近くで見るとどきどきして瞳に釘づけになってしまうのだ。

魔物の目って、本当に青いのかしら。見た人がいるのかな。

「じゃあ、婚約の話は忘れて」

「無理だ」

「どうして」

言い争いながら居間に入っていくと、黒髪に寝癖をつけたガニーが、にやにや笑いを浮かべていた。

「若、お泊まりっすか」

「まあな」

「ちょっ、ファイサル」

リーンがファイサルの服を引っ張ると、若ってこっちの方も手練《てだ》れかぁ、とにやにや顔に驚きが加わった。

こっちの方も手練れって？

「若、いくら友人の妹でも、同じ部屋で寝るのは感心せんな」

タハルがファイサルに苦言を呈すると、

「リーンは俺の婚約者だ」

ファイサルはどや顔で宣言する。

「私は婚約者じゃ……」

リーンが否定する前に、

「えーっ、あれマジ話だったのか。俺も欲しい。可愛い婚約者」

とガニーは羨ましそうな顔をする。

「ふふん。リーンが放してくれないから泊まったんだ」

「なっ、そんなことしてない。人聞きの悪いこと言わないでよ！」

リーンは真っ赤になって、手に持っていたグトゥラを振り回した。

「しがみついて離れなかったじゃないか」

「ぐ…、あ、あれは、不可抗力よ。疲れてたの」

皆の前で言わなくてもいいのに！

「ものは言いようだな」

「んでぇ、あったんですか、なかったんですか、どっちだったんでやすか？」

ガニーは興味津々で身を乗り出す。

「聖き夜《きよ》だったさ」

私の唇を奪っておいて、聖き夜ですってぇ。

「聖き夜…か。意味深すぎて、かえって心配になるよ」

タハルは柔和な顔に苦笑いを浮かべる。

「意味深すぎてってなんだ？　なんもなかったってことだろ」

ガニーと同じく、リーンにもタハルの言いたいことがわからなかった。

「聖き夜とは、尊い夜の意味にも取れる。つまり…」

「あーっ！　ちくしょーっ、そういうことか」

ガニーが髪をかき毟《むし》った。

なっ、なに、どういうこと？

「まぁ、同意の上でなら、周りがとやかく言うことでもあるまい」

それって、私とファイサルが…。

特別なことがあったと思われたようだ。火が点いたように耳が熱くなる。

「ファイサルが変なこと言うから勘違いされたじゃない」

勘違いかな、とファイサルは含み笑いする。

「そんな顔すると皆信じちゃうでしょ！」

案の定ガニーが、いいなぁ、いいなぁ、と羨ましがっている。

「ちゃんと説明してよ」

「暴露してもいいのか？」

ファイサルはこの状況を楽しんでいるようだ。

「くっそぉー。俺だって、可愛い婚約者との聖き夜が明けた朝に、こんな痴話喧嘩《げんか》したい」

「ガニーさん、うるさい！　昨日はなんにもなかったの！　私は婚約者じゃないし、痴話喧嘩もしてません！」

「お、…おう」

リーンの激昂ぶりに、ガニーは目を真ん丸にして頷いた。

「元気が出たようだな」

タハルが朗らかに笑う。

村で長年育ててきた厚い厚い化けの皮は、ファイサルのせいであっという間に剝がれてしまった。

「う…っ」

「…大声出して、ごめんなさい」

クッションに腰を下ろし、上体を前に倒して謝ると、ぐうーと腹の虫が鳴いた。

腹を押さえても時すでに遅し、だ。自分の腹が恨めしい…。

「くっくくっ、腹もお転婆だ」

皆に聞かれてしまったので、ごまかしようもない。隣に座ったファイサルを睨むと、その
また隣に座っているガニーの頰がひくひくしているのが見えた。怒られると思って笑うのを
我慢しているのだ。

「腹が減るのはいいことだぞ。健康な証拠だ」

ヌーフが焼き立てのパンが山盛りになった皿を持ってきた。

「薄焼きパン」

リーンが声を弾ませると、ヌーフは嬉しそうな顔をした。

「昨日はすみませんでした。せっかく勧めてくれたのに。パンもお肉も煮込みも、どれもとても美味しかったです」

「そうか、そうか。たんと食ってくれ」

昨夜は悪人だと思ったヌーフも、改めて見ると愛嬌《あいきょう》のある髭面だ。ガニーも顔に傷があるというだけで、おしゃべりしているのを聞いているといたって普通の、いや、ちょっぴりお調子者の若者なのだ。

リーンは男たちに交じって食事を始めた。

今朝《けさ》の薄焼きパンにはハーブとゴマがたっぷり乗っている。豆の煮込み、羊のチーズ、オリーブの塩漬けには羊のヨーグルトとオリーブ油がかかっている。山羊のミルクもあった。

ファイサルと男たちはとりとめのない話をしながら、たくさん用意された料理をものすごい勢いで平らげていく。

じっくり煮込まれた豆を口にして、ふと思った。

父様と兄様はちゃんと食べているのかな。

自分だけこんなに美味しいものをいただいていることに罪悪感を覚える。

「どうした。口に合わなかったか？」

食事の手が止まったリーンをヌーフが心配する。

「そんなことないです」

「太るのを心配しているんだろう」

リーンは、大きなお世話よ、と唇を尖らせた。

「父と兄はどうしているのかと思っただけ」

途端に男たちの雑談が途切れた。しんみりした空気が流れ、そうだったな、とヌーフが呟いた。

「あ、気にしないでください。兄は食い意地が張っているから、ヌーフさんの料理を食べている私を羨ましがるだろうな、って思って」

「おう、そりゃあ話が合いそうだ」

ぜひとも俺の料理を食べてもらいたい、とヌーフは胸を張った。

この人たちって、何をしているのかしら。

昨夜、盗賊ではないとカラムが言ったけれど、こうして一緒に食事をしてみて、彼らは盗賊ではないと確信していた。食べ方がきれいなのだ。取ったぶんはすべて平らげてからおかわりしているし、食い散らかさない。料理上手のヌーフが大半を作っているとしても、自分たちでちゃんと食事を用意している。

居間もきちんと片づけられていた。酒樽《さかだる》があって微かに匂いを感じるから、昨日は飲んだのだろうが、リーンが居間に入った時には皆起きていて、身だしなみも整っていた。こうしてリーンを思いやる心がある。

それから、彼らのあの一瞬で抜き放った剣の冴え。

すごかった。全然歯が立たなかったもの。

カラムは口調からして堅物だ。年長者のタハルは落ち着いた物腰だし、ヌーフもガニーも第一印象と違っている。

一番違うのはファイサルだけどね。

口づけの感触を思い出すと顔が熱くなってきてしまい、リーンは何気ないふうを装って手の甲を唇に当てた。

彼らが手を貸してくれたら…。

今日から本腰を入れて父と兄の捜索をするつもりだ。人手があればありがたい。昨夜ファイサルに言い出せなかったことを、この場で頼んでみようと思った。

「あのっ、お願いがあります。父と兄の捜索に手を貸してもらえないでしょうか」

リーンが思いきって頼むと、男たちは困惑の表情を浮かべた。

「嬢ちゃんを助けてやりたいのはやまやまなんだがなぁ。こう見えて、俺たちにも仕事ってもんがあって」

ヌーフが申し訳なさそうに言った。

「そ、ですよね。いいんです、ごめんなさい」

「我らは盗賊や人買いの討伐に動いているのだ」

タハルの言葉にリーンは驚いた。

俺たちが討伐されるんじゃないぞ、と変な念を押したガニーがカラムに睨まれ、カメのように首を縮める。

「賞金稼ぎですか？」

リーンの兄は護衛を生業としているが、指名手配の悪人を捕まえて賞金を得ることもままあった。大掛かりな捕り物があると、役人や同業者から助っ人の依頼が来るのだ。いい儲《もう》けになったから、とリーンに菓子や香水を買ってきてくれることもあった。

「いいや、国王の依頼で動いている」

「王様の？」

カラムの話はこうだった。

二十数年前のことだ。悪質な人買いの一団がマクドゥ国内で暗躍していて、各地で若い娘や子供が行方不明になっていた。訴えの数が増え続けるのを危惧《きぐ》し、第一王子だった現国王はその一団を捕まえるべく、自ら選んだ精鋭部隊を率い、秘密裏に討伐作戦を行った。

しかし、部隊の奮闘にもかかわらず、首領の名前も顔も、一団の規模もはっきりしないまま、二年ほどでぷっつり姿を消してしまった。

他国に渡ったのか、それとも首領が死んだか代替わりしたかで、一団がばらけて散り散りになってしまったのか。捜索は続けられたが結局捕まえることはできなかったのだ。

マクドゥには盗賊も人買いも未だ跋扈《ばっこ》しているが、小物ばかりで、あれほど巧妙な一団が現れることはなかった。

だが、三年ほど前から、二十年前の一団の仕業ではないかと思われる行方不明事件が起こり始めたのだ。すでに多くの被害が出ていて、荒稼ぎの様相を呈しているようだ。稼ぐだけ稼いで他国にでも逃げられたら終《しま》いだ。捕まえようがなくなってしまう。

野宿するって言った私をファイサルが叱ったのは…。

ファイサルを見ると、彼はそうだと言うように頷いた。

「人買いは、売り買いしやすい美しい娘か、従順で扱いやすい子供を商品として好む。砂漠で会った時、俺はリーンを少年だと間違えた。剣も使えるし、十五歳を過ぎると少年は身体が大きくなり始める時期で、ま、そういう少年を欲しがる者もいるようだが…」

「世の中にはさ、摩訶《まか》不思議な思考のヤツがいるんだぜ。変態と言うんだ。俺も気をつけなきゃ…いてっ！」

ファイサルの話に被せるように言ったガニーの後頭部を、ヌーフが大きな手で叩いた。

「あの時俺がリーンを保護しなかったのは、あのウサーマならひとりで家に帰しても大丈夫だと踏んだからだ。だが、俺の失態だった。もっときちんと顔を見て話すべきだった。すまない」

謝らないで、とリーンは頭を振った。

「こうして無事だったんだし」

「よくない。婚約者をひとりでほっぽり出したんだぞ」

「だから、婚約者じゃないって言ってるでしょ」

「なぁ、若って、もしかして嫌われてるんじゃゃ…」

ヌーフが窺うように聞いて、すぐに冗談だと笑って誤魔化した。ファイサルがちろりと視線を向けたからだ。

氷をはめ込んだような瞳だった。

こんなに印象が違うなんて…。

冴え冴えとした青い瞳がリーンには意外だった。ファイサルは常に、温かみを帯びた瞳を向けてくれたから。

「二十年前に蜃気楼を捕まえていれば…」

タハルが昔を思い出すようにぽつりと呟いた。追っても追っても捕まえられない人買いの一団は、蜃気楼と呼ばれていたのだという。

前国王時代、マクドゥ国王軍は張りぼてと呼ばれる、お飾りにもならない代物だったようだ。そんななんの役にも立たない国王軍を、現国王は新しい人材を登用して再編した。

現在、主要なオアシスには街の治安維持を成す警備隊が置かれている。軍の小隊が演習をかねて滞在していることもある。地方自治区の私兵や賞金稼ぎなど、悪人を捕まえる機関も人員が揃っている。だが、変な縄張り意識があって、せっかく情報を得ても連携が取れないでいた。

悪質な盗賊や人買いは拠点を持たずに国内を常に移動する。神出鬼没で動きを読むのが難しく、蜃気楼が復活したのか、新たな一団ができたのか、取引現場を押さえるどころか、名を連ねている者すらはっきりしない。

そこで国王は、当時自分が率いていたような精鋭部隊を改めて組織したのだ。

「タハルと私は当時、殿下の討伐部隊に所属していたのだ」

国王の勅命で、カラムとタハルは再び人買いの討伐に動き出したのだ。精鋭部隊は各機関から情報を入手でき、国内を自由に行動する許可を得ている。総勢五十人ほどで、それを六つ、時には十に分け、五人から多くて十人の分隊になって、各地で捜査に当たった。精鋭部隊の下にはさらに、隊員の手足となって動く者も多数いる。

「俺たちは一番の腕っこきなんだぜ」

ガニーが自慢げに言った。

各地に散った分隊が情報収集し、カラムたちは集まった情報を基に網を絞ってきた。だが、なかなか尻尾《しっぽ》を摑めないでいた。

前回の二の舞になるのではないかと危惧していたところ、東オアシス付近に人買いの首領が潜んでいるとの情報を得た。

「この二年近く、血眼《ちまなこ》になって探し、蜃気楼の末端だったという盗賊をやっと捕まえた。ようやく糸口が見つかったのだ」

他国から国内へ、国内から他国へ、多くの娘や幼い子供が売り買いされているという。

母様も蜃気楼のような悪辣な人買いに売られたんだわ。

他国からマクドゥに連れてこられ、やっとの思いで逃げ出した母は、砂漠で行き倒れていたところを父に助けられた。

本当に奇跡だったのね。

多くの娘や子供たちは今も苦しい思いをしている。

母様のような人たちがいるのなら、ひとりでも多く救ってほしい。

「先日追っていたあの男たちも人買い一味だったの？」

「いや、あれは行きずりの盗賊だ」

商家を襲ってその家の娘を犯し、家族を殺して逃げるところにファイサルたちがたまさか行き合ったようだ。

背筋が凍る思いがした。自分は運がよかったのだ。ファイサルが来なければ、商家の娘のような被害に遭ったかもしれない。

私の手で葬れたらよかったけど。

自分の力不足が悔しくて、リーンは忸怩《じくじ》たる思いになった。

「蜃気楼が復活したという噂が、悪党どもの間で広がっている。面倒なことに、鳴りを潜めていた小物たちまでが、これ幸いと活発化しているのだ」

カラムは説くように話した。

リーンが戦った盗賊も、そんな小物の一団だったのだろう。

ファイサルたちは蜃気楼捜索の傍ら、小物の盗賊や人買いを捕まえて成敗してきた。そして、最終決戦に向け、さらに網を絞っているところなのだ。とても手を貸してほしいとは言えない。

「ええ、わかります。この好機を逃したくないということは」

「うむ、すまない」

カラムが頭を下げた。

「やめてください。お気持ちは十分わかります。どうか蜃気楼を捕まえてください。被害がこれ以上増えないうちに」

元々ひとりで探すと決めていたのだ。

誰かに頼ろうなんて甘いこと考えてるんじゃないわよ。

心の中で叱咤していたはずが、無意識に声を出していたようだ。

「何をぶつぶつ呟いている」

ファイサルが頭に手を置いて、右に左に揺さぶる。視界がぐらぐら動いてリーンは気持ち悪くなった。

「気持ち悪いから、揺らさないでよ」

「ああ、すまん」

ファイサルは取り繕うように乱れたリーンの髪に手櫛《てぐし》を通した。だが、指が引っかかって髪が抜けそうになるし、頭を後ろに持っていかれて首がもげてしまいそうだ。

私の扱いが雑すぎない？

女と侮られるのは嫌だが、女の子として大事に扱ってほしいとも思う自分は、欲張りなのだろうか。

お姫様のように遇してもらいたいとは思っていないのよ。ただ…、どう考えても、私を男の子扱いしてる気がするの。

額を強く弾いたり、頬をきゅっとつねったり、呼吸困難になるまで擽ったり。手首を掴まれた時も強く握られた。やることなすことファイサルは荒っぽい。

そのくせ、婚約者だとか言って口づけるんだもの。

ファイサルの態度と言葉が矛盾しているから混乱するのだ。

婚約者だったらもっと大事にしてくれてもいいのでは、と思って頭を抱えたくなった。

違うっ、婚約者じゃないって！

心の中で地団駄を踏んでいると、

「心配しなくていい、リーン。君をひとりで探しに行かせるつもりはない。俺が一緒に行ってやる」

「でも、あなたは人買いの捜索に行かなきゃならないじゃない」

「俺に傍にいてほしいだろ?」

自信満々の顔で青い瞳をキラキラさせないでよ。

「手を貸してくれるのはありがたいわ。でも…」

「でも?」

「あなたじゃなくていいの。ほかの誰かに――」

言いかけたところで、げふっ、と音がした。ガニーが山羊のミルクを噴き出したのだ。鼻から白いミルクが垂れている。

「ごめっ、嬢ちゃんの躱《かわ》しが見事で…」

「ガニー、殺されたいのか」

しゃべるな、とファイサルに釘を刺されたガニーは、口が開かないよう指で自分の唇を摘まんで鼻を啜《すす》った。

「ファイサルの気持ちは嬉しいんだけどぉぉぉ…」

いきなり項をむんずと掴まれ、嫌がらせかというほど近くまで顔を引き寄せられる。

ここで口づけられるのではないかとリーンは狼狽えた。互いの吐息がかかる距離だ。身体を離そうとしても、ファイサルの手は項を放そうとしない。

「俺の好意を無にはしないよな」

迷惑をかけたくないだけで、ファイサルの気持ちを拒否したつもりはなかったのに。

助けてほしくてガニーを見ると、ぷるぷると頭を振って目を逸らしてしまう。

意気地《いくじ》なしっ！

「ちょっと、皆が見てる」

ファイサルは楽しそうに目を細めた。

なんて意地悪なの。私が慌てるのを面白がってやっているのね。兄様より質《たち》が悪いじゃない。

「昨日あんなに熱い夜を過ごしたのに？」

とろけそうな声で囁かれ、リーンの顔がかあっと赤くなった。

「変なこと言わないで。誤解されるじゃない」

「誤解じゃないだろう。昨日の続きをするか？」

からかっているのだとしても、無駄にかっこいい顔が近くにあるのは心臓に悪い。

落ち着け、ここで乗ったらお終いよ。

「昨日は何もなかったって自分で言ったのに、忘れたの？」

「思い出させてくれ」

「何もなかったんだから、思い出せるわけないでしょ！」

高鳴る鼓動をなだめるのは諦め、ぷいっと顔を背けた。

「残念」

ファイサルは項から手を離しがてらリーンの髪を一房軽く握り、感触を楽しむようにするすると手を滑り下ろす。

項よりも、軽く髪に触れられた方が、背筋がぞくぞくするのはどうしてだろう。

「勝負あり、かな、若」

タハルは微笑ましいという顔で笑っている。

しかし、リーンには微笑ましいでは済まされない。ファイサルといるとどうにも調子が狂ってしまう。

むくれた顔でファイサルを睨むと、

「そんな可愛い顔をしても無駄だ」

とファイサルはリーンの頬に口づけた。

気を抜いたところの一撃だった。まんまとしてやられた。

「ファイサル！」

リーンが拳を振り上げようとすると、そろそろいいか、とカラムが遠慮気味に声をかけてきた。話は中断したままだったのだ。

「ごめんなさい」

リーンはカラムに謝った。

私が悪いんじゃないのに…。

ファイサルはというと、飄々《ひょうひょう》と食事を再開して、美味しそうにパンをほおばっている。謝る気はなさそうだ。

「正直、今、若に抜けられるのは痛い」

カラムに同意するようにタハルたちが頷く。

「カラムが言いたいことはわかる。だが、婚約者の家族だ」

「婚約者じゃないって…」

話が進まないので、カラムとタハルが困った顔をする。

「横道に逸れるから、婚約者の話はもうしないからね」

念を押すリーンにファイサルは面白くなさそうだが、知ったことではない。

「とにかく、私は大丈夫。あなたは人買いの捜索に行って」

「そう言うが、ひとりで探すのが難しいことは理解しているのだろう。他の誰かに手伝ってもらうなんて言うなよ。ウサーマは俺の親友だ。親友の苦難をほうっておいたら、兄にどやされる」

意外な言葉が出てきた。

「お兄さん？」

「ああ。兄は南オアシスで家業を継いでいる。すごく出来がよくて、細かいことにまで何かとガミガミ口うるさい」

それを聞いたカラムがこれ見よがしに咳払《せきばら》いをした。タハルは微妙な顔をしているし、ヌーフとガニーは我関せずといった様子で、黙々と食べている。全員がファイサルの兄を知っているようだ。

どんなお兄さんなんだろう。

ファイサルにこうまで言わしめる兄という人物に興味が出た。

ファイサルって、マクドゥの人なのかな。顔つきはマクドゥ人っぽいけど……。

マクドゥ人のほとんどは黒髪に黒い瞳だ。目が茶色の人もいるが、黒に近い茶色だ。青い目の父は異国の血が混ざっているのかもしれないが、髪は黒だ。

リーンのように髪や瞳の色が黒ではない者は珍しい。それでも髪は母のような金髪ではない。ファイサルのように金髪碧眼《へきがん》のマクドゥ人は非常に珍しいのだ。

そういえば、ファイサルと兄様はどこで出会ったのかしら。兄様が盗賊を捕まえに行った時なのかな。

ファイサルの兄の話になれば、ファイサルのこともわかるだろう。だが、聞いてはいけない空気がカラムたちの間に漂っている。

お兄さんってよほど怖い人なのかしら。下手に突っ込んで、俺に興味があるのか、なんて思われるのも癪《しゃく》だし…。

気になったものの聞かないことにした。

「カラム、どうする」

タハルの問いにカラムはしばらく考えていたが、致し方ない、と答えた。

「だが、いよいよとなった時は、こちらを優先してもらう」

「もちろんだ」

「ならばいい」

カラムの許しが出て、リーンはどこかほっとしていた。

ひとりで探すと言い張ったものの、知らぬ土地での捜索は難儀だ。二人が行方不明になって十日になろうとしている。今さら焦っても仕方がないが、日が経てば経つほど難しくなってくる。

「カラムさん、皆さん、ありがとうございます」

「礼などいらんよ」

早く見つかればいいな、とタハルが励ましてくれる。

「礼を言うなら俺にだろう」

ファイサルは不満そうだ。

リーンは『ジンの岩山』に行くつもりでいる。魔物なんていないと思っているけれど、いざひとりで行くとなると気後れしてしまう。ファイサルが一緒に行ってくれるのなら安心だし怖くない。だが、頬とはいえ、人前で口づけるファイサルに、素直にありがとうは言いたくなかった。それでも…。

「ありがとう、ファイサル」

したり顔のファイサルに、リーンは不承不承を露《あらわ》にして言った。

「可愛い笑顔で言ってほしい」

「睨んでいても可愛いんじゃなかったっけ」

やり返されると思っていなかったのか、ファイサルは口をちょっぴり開き、一本取られたと破顔した。

「未来の妻を救うのは夫の使命だ」

婚約者の話はしないと言ったので、未来の妻に変えたようだ。本気とも冗談とも取れないことを放言するファイサルに、言い返すのもばかばかしくなってくる。

「とうとう妻になったか。婚約者はいずれ妻だから、間違いではないな」

「タハルさん！」

「若も年頃だし、似合いの相手が見つかってよかったよ」

「ヌーフさん！」

「よっ、若、かっこいいですぜ」

ヌーフからコーヒーの入ったカップを受け取ったガニーがよいしょする。

「ガ…、もういいわ」

「あれぇ、俺だけ特別枠？　リーンちゃん、なんか言ってよ」

「言いません」

「仲良きことは美しきかな」

頭の固そうなカラムまでそんなことを呟いたので、これ以上何も言うまいと、リーンはちぎったパンを口に放り込んだ。


リーンはエランの街へ出て再度聞き込みをすることにした。『ジンの岩山』へ行くつもりだったが、二人が怪我をしているのなら、東オアシスでしらみ潰しに当たった方が見つかる可能性が高い、とファイサルが言ったからだ。

リーンとファイサルは乗ってきたラクダを宿屋で預かってもらい、屋台が軒を連ねる通りを歩いた。

ファイサルの歩みが少し遅くなった。リーンが振り返ると、ぐいっとグトゥラを深く下ろされる。

「ちょっと」

元に戻すのにグトゥラを弄《いじ》ると、纏めた髪が解《ほど》けてきてしまう。なんとか上手くできないかと試行錯誤していると、あまり可愛い顔を露にするな、とファイサルが頭に手を乗せた。

顔の美醜は別として、ファイサルの言いたいことが理解できた。

母譲りの髪と瞳は珍しがられる。旅の間はずっと、女とバレないよう目元を覆うように被ってきたが、ファイサルがいるので緊張感がなくなっていたようだ。

気を引き締めなきゃ。

「リーンは男物の服しか持っていないのか？」

「そんなことない。ちゃんとあるわ。必要ないから持ってきてないだけ。動くのに不便なだもの。これは兄の昔の服なの」

「ウサーマのお古か。では、服を買ってやろうか」

あれが似合いそうだと、服屋の奥に吊るされている鮮やかな青緑色の服を指さす。

素敵な服。

リーンの好きな色だった。腰の上辺りから裾にかけて美しいドレープでゆったりと広がっている。襟元から胸元にかけてと、長袖の肘辺りにも入っている黄色い刺繍は、青緑色に映えて華やかだ。珍しいのは、膝丈まであるジレを合わせてあることだ。薄絹の白いジレは歩くたびに裾がなびいて、軽やかに見えるだろう。

服と剣とどちらが欲しいかと聞かれれば、剣と答えるリーンも、おしゃれに興味がないわけではない。欲しいと思った。でも、いらないと頭を振った。

「遠慮するな。可愛い服を着たリーンと歩きたい」

「冗談言わないで」

「妻を着飾らせるのは夫の楽しみなんだぞ」

「あっ、そう」

「つれないな」

最初のうちはそんな話をしながら治療院や薬屋を探して訪ね歩いた。だが、どこで聞いても父や兄に似た怪我人が来たという証言は得られなかった。

行った先々では、ファイサルに色めきたつ若い娘たちがいた。ファイサルを捕まえて放さず、リーンが口を挟む余地もない。ファイサルもそんな娘たちに悪い気はしないのか、微笑みを浮かべて愛想よく相手をしていた。

リーンはわだかまりを募らせた。

時間ばかりが過ぎていくからか。それとも、ファイサルが娘たちと楽しげに話をしているからか。

時間がなくなるからに決まってるでしょ!

と思っていたのに、

「まいった。よく口が回るものだ」

疲れたように首を回すファイサルへ、

「楽しそうだったじゃない」

と、つい口走ってしまった。

「焼いたのか」

ファイサルは嬉しそうだ。

「違う」

「そうか、可愛いな。焼いたのか」

にやにやするファイサルを置いて、リーンは足早に歩きだした。名前を呼ばれても無視していた。口を開くと、さらに嫌みが出そうだったのだ。

焼いてなんかいないわ。好きにしゃべっていればいいのよ。別にファイサルがいなくたって構わないんだから。

地面を睨みながら歩いていると、待て、と腕を引かれた。

「なっ！」

身体の均衡が崩れ、ファイサルの胸にリーンの背中がぶつかると、目の前を荷馬車が横切っていった。

「！」

横の路地から出てくるところだったのだ。ファイサルが止めてくれなかったら怪我をしていただろう。下を向いて見えていなかったとはいえ、車輪がきぃきぃと軋《きし》む音でわかりそうなのに、気づかなかったのだ。

私、何やってるんだろう。バカみたい。

「危なかったな」

ぽんと頭に手が置かれても、リーンは払いのけなかった。

「わかってるぞ。彼女たちを羨ましそうに見ていたじゃないか」

「……」

何も言えなかった。嫉妬していると指摘されても否定できない。

「ごめんなさい」

「だから買ってやると言ったのだ」

「…え？」

「あんな服を着て、化粧をしたいのだろう」

リーンは一瞬呆けてしまった。頓珍漢なことを言われたからだ。

話題を変えようとしているのか、本気で言っているのか。判断がつかなくて顔を見上げると、だろう、と肩に腕を回される。

「あ、う、う……ん」

念を押されてとりあえず頷くと、やはりか、とファイサルは白い歯を見せて屈託なく笑った。

娘たちと話していた時とはまったく違う笑みに、リーンの中にすとんと答えが落ちてくる。なんだ。そうだったんだ。

今ならわかる。ファイサルは適当に娘たちのご機嫌を取っていただけだったのだと。わだかまりが嘘のように消えていった。こんなに楽しげな顔を見せてくれるのは自分だけなのだと思うと、心がわくわくしてくる。それは、娘たちに嫉妬していた証拠にほかならない。けれど……。

ちょっともやっとしただけだもん。

素直に認めるのは業腹だ。

「ウサーマのお古を着ていても、リーンが一番きれいで可愛いぞ」

手放しでの称賛にリーンは照れた。

耳が燃えるように熱い。きっと顔も赤くなっているだろう。グトゥラで隠れていてよかったと思う。

「ありがとう」

「さっきの服は似合うはずだ」

買いに行こうと言わんばかりのファイサルを、リーンは引き止めた。

「嬉しいけど、今はおしゃれしている場合じゃないから。さ、次へ行こう」

リーンは肩に回されたファイサルの腕を取って引っ張ったが、ファイサルは動こうとしない。せっかくの好意を断ったから、機嫌を損ねてしまったのだろうか。

ファイサルは己の肩越しに、右後方に視線をやっていた。何があるのか気になって覗こうとすると、ファイサルが不意に動き出した。

あそこの店の服がリーンに似合いそうだったんだが、とファイサルは残念そうな顔でリーンを押して歩きだす。

「考えたんだが、これだけ回っても手掛かりがないのは、二人は表立った場所を避けているからかもしれない」

襲ってきた者たちに追われている可能性もある、とファイサルは言うのだ。

怪我をしながら戦い、逃げているのだろうか。

「あのウサーマが易々とやられると思うか？」

リーンの顔が曇ったからか、ファイサルは両腕を広げて言った。

父も強いが兄も強い。二人で旅をした時に兄が戦う姿を見たけれど、兄は剣だけでなく体術も優れている。大柄なのに俊敏なのだ。

「君がこんなに心配しているのに、大飯喰《く》らって寝ているかもしれないぞ」

ファイサルの冗談にリーンは声を上げて笑った。もりもり食べる兄の姿が瞬時に浮かんだからだ。

「そこでだ。これから裏町を探す」

「裏町？」

「人目につかないところで商っている医師や薬師がいる」

リーンはファイサルに連れられ、表通りから外れて細い道に入った。迷子になってしまうような入り組んだ道を右に左に曲がっていくと、何を商っているのかわからない間口の狭い店がひしめいていた。

こんなところがあるなんて知らなかった。

オアシスの大きな街には表通りがあり、それと背中合わせのような裏通りがある。田舎暮らしのリーンには知りえない場所だった。

「ここが裏町なの？」

「ああ。ご覧のとおり、怪しい店が並んでいる。隠れるにはうってつけの場所だ」

店を開いているのか閉めているのか、店の奥に店主はいるのだろうが、人通りもなく、これで商売が成り立っているのだろうか。

歩いていくと、二人の男が道の脇に座り込んでぼそぼそと話していたが、リーンたちが近づくと話をやめて俯いた。どこか怪しげで、リーンは思わずファイサルの服を摑んでしまった。からかわれるかと思ったが、ファイサルは服を摑まれたまま、何事もないように男たちの前を通り過ぎていく。

背中に視線を感じた。

「あの人たちは何をしているの？」

小声で聞くと、振り返るなよ、とファイサルは囁く。ファイサルの服を摑む手に力を込めると、ファイサルはリーンの手を握ってくれた。

「大丈夫だ。襲ってくるようなことはない。だが、ここいらにいる人間のことは、あまり詮索しない方がいい」

わかった、とリーンは頷いた。

「素直だな」

「そんなに意地っ張りじゃないわ」

リーンが唇を尖らせるとファイサルは笑って、ここは若い娘が来るところじゃないからな、と言った。

怖いのか、ってからかうと思ったのに…。

拍子抜けするのは、ファイサルに毒されてしまったからだろうか。

ファイサルは怪しげな裏町をよく知っているようで、事もなげに歩いていく。

人買いの捜索で来たのかな。

もぐり医者の家は妙に生臭かった。不思議な煙が漂う薬師の店や、剣で生計を立てている者たちの溜まり場の、酒場なのか娼館《しょうかん》なのかよくわからない店など、リーンはファイサルに連れられて、父と兄が行きそうな場所を探し歩いた。

しかし、誰も二人の姿を見た者はおらず、行方は一向にわからなかった。

少し休もうと言われ、リーンは空腹を感じた。ヌーフの朝食を食べてから何も食べていなかったし、午後も遅い時間になろうとしていたのだ。

表通りに出たファイサルの後をついて歩いていたら、見覚えのある場所に立っていた。ラクダを預けた宿屋だ。

ファイサルは捜索を終えるつもりなのだとわかった。

宿屋の食堂で料理を注文して椅子代わりの樽に座った時、リーンの足は棒のようになっていた。

もう帰ろうと言われたら、私は意地になって、帰りたくないと抵抗したでしょうね。

ファイサルはそれを見越して帰るとは言わず、休もうと言ったのだろう。自分の性格を読まれているようで、なんだか面白くない。

「疲れただろう」

「少し」

独特の空気が漂う裏町は、リーンには馴染みのない世界だった。

ファイサルと一緒なので怖くはなかったが、無意識に気を張っていたのだ。腰を下ろすと、思っていた以上に疲労感がどっと押し寄せてくる。

運ばれてきた搾り立てのオレンジの果汁が、とてつもなく美味しく感じる。爽やかな酸味を口に含むたび、身体に纏わりついていた裏町の靄《もや》が取り払われていくようだ。

私ひとりだったらあんなところへは行けなかった。

たとえ入れたとしても、話を聞くことはできなかっただろう。

私、全然役に立ってない。

ファイサルは常に、裏町の住人から庇《かば》うようにしてリーンの前に立ってくれた。住人にいきなり腕を摑まれそうになった時も助けてくれた。

「どうして無防備に近づいた。もっと危機感を持て。話は俺が聞く。なるだけ顔を見せないようにしろ」

後でものすごい剣幕で怒られた。それから、

「男の形をしていても女だと気づく者はいるし、やれればなんでもいいという輩《やから》もいるんだぞ」

と、耳元で囁くように注意された。

風変わりなものが入り込んでくれれば興味を引かれる。それだけリーンとファイサルの二人連れは、裏町で浮いていたのだ。

少し開いた扉の隙間、路地の奥、入り組んだ建物の上。時折ファイサルが凝視したのは、そこに何か潜んでいたからかもしれない。リーンには気配すら摑めなかったけれど…。

薄暗い酒場では、店の女主人にからかわれた。あられもない格好をしたその女主人はリーンにしなだれかかり、可愛い坊や、と豊満な乳房を押しつけてきた。女主人の乳房は張りと弾力があって、なのに柔らかで、水を溜めて膨らんだ革袋のようだった。肉感的な肢体からは甘く濃厚な香りが立ち上り、リーンはのぼせたように顔が真っ赤になってしまった。

身体が熱く、動悸が激しくなって、もじもじしたくなってくる。

なんでぇ？

女主人はリーンをからかうのに飽きると、ファイサルの肩に手を伸ばした。二の腕に掌を滑らせながら、赤く塗られた唇をファイサルの耳朶《じだ》に寄せ、何が知りたいの？　と囁く。

ファイサルがリーンの父と兄のことを聞いている間、女主人は細い指先でファイサルの鎖骨をなぞったり、頰に手を置いたりしていた。

ファイサルは話をしながら、女主人の好きにさせていた。リーンには男女の閨《ねや》を目の当たりにしているようで居たたまれず、きわどい会話も拍車をかけた。

リーンは二人から顔を背け、奥に並んでいる酒瓶を睨んでいた。裏町でなかったら、酒場から飛び出していたかもしれない。

上に部屋があるの、と女主人はファイサルを誘った。ファイサルは、ほう、と言って二階に続く階段を見た。

二階へ行くの？

リーンの心配は杞憂だった。ファイサルは女主人の手を押しのけ、帰るぞ、とリーンに手を差し出したのだ。

情報はタダじゃないと報酬を求める女主人に、ファイサルは面倒くさそうに何か囁いた。女主人はぎょっとした顔になり、奥へ引っ込んで出てこなかった。

「なんて言ったの？」

店を出てからリーンは聞いた。

「香水の香りが好かん、と」

「それだけ？」

甘ったるい濃厚な香りにはリーンも辟易《へきえき》したが、女主人はまるで魔物に脅されたように逃げたのだ。

「それだけだ」

ごまかされた感はあるが、追及しなかった。ファイサルが女主人に鼻の下を伸ばさなかったからだ。

年上だし、好みではなかったのだろう。

そうなのかしら。

豊かな胸の膨らみを思い出し、リーンは自分の胸を見下ろした。

私が一緒にいなかったら、ファイサルはどうしたかしら。

女主人と二階に行ったのだろうか。

晴れたはずのもやもやが再び心の中に湧いてきたが、こうして力を貸してくれるだけで十分だと自分を戒める。

手を引かれ、目の前を歩く広い背中を見ていると、守られていると感じる。どんな敵が来ても、ファイサルはリーンを守り抜くだろう。だから、自分は足手纏いだと落ち込みもした。

裏町はファイサルに任せて、私は来ない方がよかったのかもしれない。ファイサルの後について歩いていただけだもの…。

なんの役にも立たなかった自分が悔しかった。

ファイサルが一緒に行くと言ってくれた時、もっときちんと礼を言えばよかった、と後悔する。

だってあの時は言いたくなかったんだもの。でも、遅いってことはないわ。

「ありがとうファイサル。一緒に来てくれて」

リーンが微笑むと、ファイサルはとろけるような笑みを浮かべた。慣れてきたとはいえ、不意を突かれて動揺したリーンは視線を揺らした。

ううう、反則よ、こんなのっ。

「素直なリーンは一層可愛いな」

「もう、そういうのやめてってば」

「妻になる気になったか」

ほら、すぐにからかう。

「なってません」

「まだダメか。おっ、来た。食べるぞ」

宿屋のおかみさんが麵やごった煮、山羊と羊のチーズなど、注文した料理を運んできた。

リーンとファイサルは空腹を満たしながら捜索の話をした。

「二人が怪我をしたのは確かなのか？」

旅に出る時は数種の薬を持っていく。切り傷用や虫刺されの薬、解熱の薬草などだ。剣で深く刺されたのだとしたら手持ちの薬では役に立たない。必ず医師のいる治療院へ行くと考えて動いていた。

しかし、怪我をしていないのならば、探す場所が根本的に違ってくる。その可能性はないのか、とファイサルは言うのだ。

「クタイバおじさんとディヤーブおじさんが一緒に行った人なんだけど、二人は慌てふためいて村に帰ってきて、父と兄が刺されたと口を揃えて話したの」

「だが、これだけ探してもまったく手掛かりがないとなるとな」

ファイサルはクタイバたちの証言を疑っているようだ。

「間違いないと思うんだけど…」

リーンも証言が正しいとは言いきれなくなった。それぞれに話を聞きに行った時の二人の様子も、今にして思えばどこかおかしかった。

私に対して後ろめたくて顔を合わせたくなかったのと、魔物を恐れて話したくないんだと思ったけど、違ったのかな。

「お父上は護衛をしていた。不慮の事態への対処には慣れている。だから、隠れ潜んでいたとしても、君になんらかの方法で連絡を取るんじゃないかと思うんだが…」

「父から村に連絡が行っているかもしれないってこと？」

「そうだ。君が村にいないとなると、行き違いになっているかもしれん。村の誰かと、何かあったら連絡すると取り決めた場所はあるか？」

いいえ、とリーンは首を振った。

「近所のハウラおばさんに、しばらく東オアシスの知り合いのところへ行くと伝えただけ」

連絡を取り合うことなど、考えもしなかった。

あの時は、逃げるようにして村を出たんだもん。

イマームの目を思い出すと、怖気が走る。リーンはテーブルの下で両手を握り締めた。

すっかり忘れていたが、イマームが追手を出していることも考えられる。それも、視野に入れておかなければならない。

「ほかに心配事でもあるのか？」

考え込んでしまったリーンにファイサルが問うた。

ファイサルにイマームのこと話した方がいいのかな。

狂気に満ちた目は、簡単には諦めないと言っていた。

イマームのことを知ったら、ファイサルはどんな反応をするかしら。

俺の婚約者に言い寄る不届き者がいるのか、と憤慨するかもしれない。

からかうように、そんな奇特な男がいるのかと笑われたら…。

打ちひしがれるのだろうか。

ただでさえ迷惑をかけている。その上、変な男に追われているかもしれないと、あやふやなことは話せない。

イマームのことだって私の勘違いかもしれない。息子との結婚を断られると思わなかったから、あんなに怒ったのかも…。

リーンは無理やり理由を作り、黙っていることにした。

「心配なのは父と兄のことだけ。ほかにはないわ」

ここで視線を揺らせば不審に思うだろう。リーンは伏せていた紫色の瞳を上げ、強い意志でファイサルを見つめた。

ファイサルは、そうか、と言った。納得してくれたのかはわからなかったが、追及してはこなかった。

「シャムラン村との連絡方法は、俺がなんとかする」

シャムラン村までは、東オアシスからラクダでも数日かかる。連絡するのも簡単にはいかない。どんな手立てがあるのか。聞いても、内緒だとファイサルは教えてくれない。

教えてよ、とごねていると、宿屋のおかみさんがミント葉のたっぷり入ったお茶と熟れたデーツを持ってきた。

「デーツ」

リーンは目を輝かせた。

干したデーツはおやつによく食べる。菓子を焼く時にも使うので、家に常備してある。

「好きなのか？」

「村にデーツの木はないから、熟れたのはめったに食べられないの」

「足りなければもっと頼め」

デーツを摘まみながらお茶を飲んでいると、おかみさんがほかの客に料理を運んで戻る足でリーンたちのところに来た。食堂は繁盛しているようで忙しそうだ。

「あんたたち、泊まるのかい」

「部屋はあるのか。鍵付きならいいが」

「鍵付きは一部屋空いてるよ。先払いだけど、どうするかね」

外は暗くなっていた。

「空いているのは運がいい。今日はここに泊まる」

ファイサルはリーンに相談もせずさっさと支払いを済ませてしまった。

「でも、一部屋だって…」

「仕方がない」

だったら、空いている宿屋を探すか、離宮まで戻ればいいのに。

寝台が二つあるのか知りたいが、ファイサルを意識しているようで、実際意識しているからなのだが、聞きづらい。

「今から向こうに戻ると遅くなる。明日は少し遠出にするからな」

ファイサルは『ジンの岩山』へ行くつもりのようだ。離宮から出発すると『ジンの岩山』まではここから倍の距離になる。往復するだけでも大変で、父たちの足跡をたどる時間も短くなってしまう。

「逃すと泊まれる宿はないかもしれないぞ」

いい宿屋はすぐに埋まる。鍵付きがあるところも少ない。ここは食堂も清潔で料理も美味しいからいい宿屋なのだ。けれど…。

今朝のような口づけをされるのではないかと警戒してしまう。

寝台がひとつだったら私は床で寝ればいいのよ。いっそ追い出しちゃおうかしら。鍵付きの部屋は料金が高い。ファイサルが宿代を支払ってくれたのに、リーンは悪いことを考えた。

案内された部屋に入ると、狭い部屋に寝台はひとつしかなかった。

「寝られれば十分だ」

そりゃあ、あなたはいいだろうけど……。

「俺は少し出てくる。先に休んでいろ」

ファイサルは荷物を床に置くと言った。床で寝ると言おうとしたリーンは出端《でばな》をくじかれた。

「これから？」

部屋から追い出そうなどと考えていたのに、縋るような目で見てしまう。ひとりで置いていかれるのが心細くなったのだ。

「寂しいのか？」

「……」

リーンは答えに詰まってしまった。紫色の瞳を伏せると、ファイサルが屈んでリーンの唇を啄んだ。

「ファイサル！」

叫ぶと、ごつんと額をぶつけられる。

「んぎゃっ！」

「よし、元気になった。すぐに戻ってくる」

ファイサルは悪戯っ子のように笑うとリーンの頭を撫で、鍵をかけろよ、と言って出ていった。

「…痛い」

ぶつけられた衝撃でちょっぴり舌を噛んでしまったのだ。

「いきなりおでこぶつけるなんて」

額を撫でていつか仕返ししてやろうと考えていると、次第におかしくなってきてひとりで笑ったおかげで、心細さはすっかり消えていた。

リーンはファイサルが消えた扉を見つめた。

「どうして余計なことするのかしら。口づけだけで…」

よかったのに、と言う前に右手で口元を押さえる。あんなに怖がっていたファイサルの口づけが嬉しいのだ。

リーンは大きく息をつくと、考えを振り払うように頭を振った。

「顔を洗いたいな」

一日中歩き回ったので砂塵で汚れていた。頼めば水は貰えるだろうか、と考えていると、扉が叩かれた。

やってきたのは宿屋のおかみさんだった。家族の沐浴場を使わせてくれるという。身体を拭いたり顔や手足を洗ったりはしたが、沐浴する機会はなかったから、ありがたい申し出だった。

「さっきの若い衆に頼まれたんだ」

「ファイサルに？」

「あんたそんな形をしているけど、娘さんなんだってね」

同情するような顔は、兄のお古が継ぎはぎだらけだからだろう。

「うちのもんは仕事が片づくのが遅いから、先に使いな」

「いいんですか？　お水使っても」

おかみさんはわははと笑った。

「ここは東オアシスだよ。水はいくらでもある。洗濯物があるなら身体を洗う前にしてしまいな。これも遠慮せずにお使いよ」

おかみさんは沐浴場までリーンを案内し、身体を拭く布とローズマリーの香りのする小さな石鹸《せっけん》を手渡してくれた。

「ありがとう」

おかみさんが泊まり客にここまで親切にしてくれるのは、ファイサルが余分に金を払って頼んでくれたからだろう。

「ずるいんだから」

理想の王子様じゃないと否定してきたけれど、ファイサルに熱い視線を送る薬屋の娘や酒場の女主人が気になってしまうし、軽く触れていった柔らかいあの唇が紡ぐ悪戯な言葉や、不意に見せる優しさに心が揺さぶられるのは……。

「やっぱり、好き…なのかな」

言葉にすると、恋の灯が答えるように揺らぐ。

リーンは被っていたグトゥラを取った。

「考えるのはよそう。やらなきゃいけないことがあるんだから」

父と兄を探すために東オアシスに来たのだ。

沐浴場は広く、たっぷりの水が溜まった石組みの水槽があった。オアシスから引いた水をなんらかの方法で汲み上げているのか、樋《とい》を伝ってちょろちょろと水槽に流れ込んでいる。

「いいなぁ、こんなにたくさん水があるなんて」

毎日井戸から水を汲んでいたリーンには羨ましい限りだ。東オアシスに来なければ、水を気軽に使えることも知らなかった。

「石鹸で髪も洗える。ファイサルが帰ってきたら、お礼は言わないとね」

リーンは沐浴する前に、今朝まで着ていた服を洗った。両手でぎゅっと絞っていて、ふと思う。

「私って臭かったのかな」

旅には練香水の小瓶を携帯し、東オアシスに来てからもこまめに使っていた。今日は香が焚きしめてある新しい服に着替えた。だが、ファイサルが沐浴の手配をしたのは、臭うからではないのか。

女の子としては非常に恥ずかしいことだ。

「ファイサルはいい匂いがするのに……」

洗濯を終えたリーンは服を脱ぐと頭から水を被り、おかみさんがくれた石鹸を必死に泡立てたのだった。


眩しさに目を開けると、明かり取りから日の光が部屋に差し込んでいて、ちょうどリーンの顔に当たっていた。ファイサルが帰ってくるまで起きていようと思っていたのに、いつの間にか眠ってしまったようだ。

いつ帰ってきたのか、睫毛の一本一本がはっきりわかるほど近くに、ファイサルが眠っていた。驚いて飛び起きなかった自分を褒め称《たた》えたい。

憎らしくなるほど端整な寝顔だ。とくとくと鳴り始める自分の鼓動が、大きく聞こえてくる。ファイサルから離れたいけれど、もう少し寝顔を見ていたかった。それに、少しでも動くと起きてしまいそうだ。

口づけされても気づかない私って、眠りが深いのかな。

寝顔を見ながらそんなことを考えていると、ファイサルの目がゆっくり開いた。

きれい…。

初めてファイサルに会った時のような感動に包まれる。日の光に照らされた彼の瞳は、本当に美しく輝くのだ。

青い瞳が弓なりに細められたと思ったらいきなり抱き締められ、リーンは硬直した。

「…！」

「おはよう」

リーンの耳朶を、寝起きの少しかすれた妙に色っぽい声が舐めていく。

「おっ…、おはよう」

どこに行っていたのだろうか。ファイサルからは昨日はしなかったタバコの香りが仄《ほの》かにした。

「俺が帰ってきたの、知らないだろう」

「う、うん」

「よく眠っていた」

はっ、まさか、また口づけたの？

聞く勇気はなかった。

「ああ、いい匂いだ」

ファイサルはリーンの肩口に顔を埋めてすんすんする。

ひゃぁ…。

「沐浴したから」

「なるほど」

「おかみさんに頼んでくれてありがとう」

「髪も艶々だ」

髪に頬ずりされて、リーンは首を竦める。心臓が壊れそうだ。

「放してよ」

「もうちょっとだけ」

首元で深呼吸を繰り返すファイサルの息が、擽ったくってたまらない。身じろぎすると一層強く抱き締められてしまい、好きな人の腕の中にいるのだと思うと、身体の奥が熱くなってきてしまった。

どうしよう。なんだか身体が…。

昨日酒場の女主人の香水を嗅いだ時のように、動悸が激しいだけでなく、もじもじしたくなったのだ。

どうしちゃったの、私。

離れたいけれど、ずっとこのままファイサルの腕の中にいたいとも思う。

「ねぇ、もう、いい？」

肩口から顔を上げたファイサルがリーンの顔を覗き込み、ちゅっと唇を啄んだが、リーンはうずうずしだした自分の身体に怯えて動けずにいた。

「なんだか今朝はおとなしいな」

「そんなことない」

青い瞳をまともに見られない。身体の変化を見透かされるのではないかと顔を背けると、ファイサルの両手に頬を挟まれて戻される。大きな手に掴まれると、顔を背けることも、左右に振ることも、引くこともできない。ファイサルの瞳に撃ち抜かれ、リーンは呼吸すら忘れていた。逃げられないぞ、と青い瞳が告げるのだ。

このままだと口づけされてしまう。激しく奪われたら、自分の身体はどうなってしまうのか。知識がなく想像もつかないから恐ろしいのだ。

ファイサルの顔が近づいてくる。リーンは怖くて目を瞑《つぶ》った。

逃げたい。逃げなきゃ。

リーンはとっさに頭を前に突き出した。そうするしか術《すべ》がなかったのだ。

ごん！　と音がした。ファイサルの額に自分の額が当たった。かなり強くぶつけてしまい、いたぁっ、と叫びそうになるのを我慢する。頰を押さえていた両手は離れ、ファイサルはあっけにとられたように、ぽかんとしていた。

逃げるなら今だ。額を撫でている間はない。リーンはファイサルを押しのけると、寝台から飛び下りた。

いつか仕返ししようと考えていた。綿密に計画して、一度はファイサルをぎゃふんと言わせたいと思っていた。

しかし、ファイサルにされたことを同じようにするつもりはなかった。なかったのだ。なのに、身体が勝手に動いていた。父から体術を習っている成果が発揮されたともいえるが、リーンは混乱していて自分でも何をしたのかわかっていなかった。

リーンに押しのけられ、あっけにとられた顔で仰向《あおむ》けになっていたファイサルは、のろのろと手を動かして額を押さえたまま、身じろぎひとつしない。

目か鼻にぶつけちゃった？　怪我させちゃった？

打った時は痛くなくても、じわじわ痛みが追いかけてくることがある。鼻血が出たのではないかと近づくと、ファイサルの肩が小刻みに揺れていた。

「くっくっくっ……」

小さな声が聞こえてきた。それが、次第に声が大きくなったと思ったら、腹を抱えて笑い出した。

「仕返しか！」

やる気はなかったのだ。だが、やってしまった以上、言い訳はしたくない。笑っているのだから、怪我はしていないようだ。

ここは開き直るしかないわ。

「そのとおり」

「まさか、ここでやるとは。くそっ、俺もまだまだ未熟だ」

何が未熟なのか、聞かぬが花だろう。

「早く起きて。出かけるのが遅くなっちゃうじゃない。今日は『ジンの岩山』まで行くんだから」

照れ隠しに、リーンは上から目線でファイサルを急かす。

「やられた。まったく、たまらんな」

兄と同じく、ファイサルの言っていることもわからない時がある。

たまらんって、なに？

「本当に、君は想像以上だ」

また言った。想像以上って…。

頭の中が疑問でいっぱいになったリーンをよそに、ファイサルは楽しそうに笑い続けた。

東オアシスからシャムラン村のある方角に向かって進んでいくと、北側の砂漠の中に『ジンの岩山』が姿を現す。遠くからではそう大きく見えないが、近づくにつれ、そびえ立つその姿に圧倒される。

宿屋を出発したリーンとファイサルは、ラクダに乗って『ジンの岩山』に向かった。

途中、リーンが食料を買い求める間、ファイサルは警備隊の隊員たちを捕まえて話をしていた。離れていたリーンにはしゃべっていた内容は聞こえなかったが、隊員たちは話が終わると、巡回なのかばらばらな方向に歩き去った。

それから、

「未来の妻だからな」

「未来の妻とか言わないでって」

「婚約者」

「どっちも嫌」

そんな、堂々巡りの言い合いをしながら『ジンの岩山』までやってきたのだが、初めて

『ジンの岩山』を目の当たりにしたリーンは、その姿にごくりと唾を飲み込んだ。想像していたよりも岩山が大きかったのと、その異様な姿に圧倒されたのだ。

まずは形だ。砂の大地に接する下の部分よりも上の方が大きくて、まるで何かを摑み取ろうとする手のようにも見える。不安定で不格好な形は、いつか上の重さに耐えかねてやせ細った下の部分が押し潰され、岩山が低くなるか、横倒しになってしまいそうだ。

さらに、不思議な岩肌をしていた。上半分はごつごつとしたよく見かける岩肌で、爪を立てて傷をつけたような横縞《よこじま》の模様が幾重にも這っているのに、下半分はつるつるとした滑らかな光沢がある岩肌に、黒や赤の線が何本も縦に走っているのだ。

ふたつくっつけたみたい。

岩山をくっつけるなど人にはできないことだ。魔物の仕業だと考え、ここには魔物が住んでいると誰かが言い出したとしても無理はないと思った。

岩山の周辺には、魔物の下僕のように、大きなものはリーンの背丈の倍ほどある岩がいくつも点在していた。小さいのも含めると、百個以上ありそうだ。

それはまるで、魔物が掌のような岩山の上に座り、あちらこちらに向かって大岩を投げて作ったような風景だった。魔物はいないと父は言ったが、本当はいるのではないかと思えてくる。

ファイサルが手綱を引いてラクダを止めた。

「さて、どこから探すか…」

日差しを遮るように手をかざして辺りを見回した。

「ここ数日、砂嵐はなかったはずだが、思ったよりも風が強い。痕跡があったとしても、消えてしまっているかもしれない」

こんなに広いなんて。いったいどこから探せばいいの？

リーンは途方に暮れた。

大岩が散っている範囲が広すぎる。襲われたのは『ジンの岩山』付近としか聞いていないので、探す範囲は広大だ。

遊牧民のテントもなく、話を聞けそうな人の姿もなかった。

「岩山付近の大岩と言ったのなら、岩山は除外して大岩を巡ろう」

リーンとファイサルはラクダを降りて、血の痕や服の切れ端などが落ちていないか、大岩をひとつひとつ丹念に見て回った。

じりじりと照りつけてくる太陽に焼かれ、汗が滴り落ちてくる。

絶対に何かを見つけなきゃ。

リーンは目を皿のようにして、砂粒のひとつひとつを確認するかの如く歩き回ったが、あるのは砂ばかり。

「本当にこの辺りか？」

ファイサルの呟きに、リーンも同意するしかない。

太陽が中天を過ぎた辺りで、リーンとファイサルは休むことにした。

大岩のささやかな日陰に座り、リーンはパンを齧った。空腹のはずなのにちっとも美味しいと思えない。

捜索の成果が出ない二人は無言だった。眉間に皺を寄せているファイサルに、リーンは話そうと口を開きかけたが、言葉は出なかった。

大岩に寄りかかって目を閉じると、睡魔が襲ってくる。

リーンは元々頑健だ。風邪をひくこともほとんどない。剣や体術の稽古で身体を動かすことは苦ではないし、そこら辺の若い娘と比べて体力にも自信がある。東オアシスに来て、食事も睡眠もしっかり取れている。

だが、何日も旅をして、東オアシスに来てからも休むことなく歩き詰めの日々だ。疲れは溜まってきていた。

うつらうつらしていると、大丈夫か、とファイサルが問うた。

「お腹がいっぱいになったから眠くなっただけ」

心配されている。リーンは威勢よく立ち上がって砂を払い、しっかりしなきゃ、と己を鼓舞した。

二人は再び大岩を巡った。きらりと光った場所にリーンは駆け寄って膝をつくと、あったのはただの小さなガラスの欠片《かけら》で、父と兄に繋がるものではなかった。

「リーン、誰か来る」

しゃがんでいたリーンが立とうとすると、背後にいたファイサルに制された。ファイサルは腰の剣に手を置いていた。

射貫くようなファイサルの視線の先を追えば、『ジンの岩山』の近くをグトゥラを被った人間がうろうろしていた。その少し離れたところには白い生き物がいる。

「山羊だ」

リーンは小声で言った。砂漠では風に乗って音が遠くまで届くことがあるし、思いのほか耳がよく聞こえる者もいるのだ。

「山羊を追ってきたのか。子供のようだな」

グトゥラを被っているので少年だろう。下を向き、何かを探すようにしてこちらに向かってやってくる。岩陰にリーンたちがいることにまだ気づいていないようだ。

「落とし物でもしたのかしら」

「怪しい者ではないようだが…」

かなり近づいたところを見計らい、ファイサルが岩陰から飛び出した。いきなり現れたファイサルの姿に少年は驚き、足をもつれさせて転んだ。

リーンは立ち上がって少年の元に走った。

「大丈夫？」

尻餅をついた少年は、黒い瞳を真ん丸にしてリーンを見上げた。

「驚かせてごめんね。怪我しなかった？」

リーンが手を差し伸べると、少年はこくんと頷いて、おずおずと自分の手を出してきた。引っ張って立たせ、服についた砂を払ってやる。

「ありがとう」

少年は人見知りなのか、俯きがちにか細い声で礼を言った。声変わり前の齢のようだ。リーンよりも少し小柄で、愛らしい顔をしている。

「この辺りで暮らしているの？」

少年は頷いて、『ジンの岩山』を指した。

「あれのもっと遠く」

「そう。ここにはよく来るの？」

少年は山羊を見て帰りたそうなそぶりをする。

「最近この辺りで、事件はなかったか？」

ファイサルが近づいて問うと、少年は怯えたように身を竦め、知らない、と頭《かぶり》を振った。

「私は父と兄を探しているの。この辺りで何かなかったかな」

少年は目を見張った。一瞬口を開きかけたが、黙したまま俯いた。

「何か知っているのなら話せ」

ファイサルが少年の腕を摑んで問い詰めると、知らない、と今度は抗った。

「何を見た」

詰問するファイサルをリーンは制止した。

「やめて、ファイサル」

「正直に言え」

腕を振り回す少年をファイサルが羽交い絞めにすると、少年はさらに暴れた。

「怖がってるわ。放してあげて。何も知らないのよ」

ファイサルが手を放すと、少年は脱兎《だっと》の如く駆け出した。少年の後を、とことこと山羊がついていく。

「いきなり捕まえるなんて、かわいそうじゃない」

リーンには他人事に思えなかった。自分もファイサルに捕まえられたからだ。あの時は暗がりだったから本当に怖かったのだ。

あそこを摑まれなかっただけマシだと思って。

リーンは心の中で少年に詫《わ》びた。

ファイサルは走り去る少年の背中を、考え込む顔で見ていた。

「どうかしたの？」

「ああ、ちょっと…、いや、なんでもない」

言いながら、ファイサルは少年を目で追い続けている。

あの子を知っているふうじゃなかったし、何が気になるのかな。

過ったのはガニーの言葉だった。

世の中にはさ、摩訶不思議な思考のヤツがいるんだぜ。変態と言うんだ。

ないないないないないないない！

とんでもない想像をしたリーンは、あるわけない、と打ち消した。

私を婚約者呼ばわりしているし、口づけしたのよ。

激しく唇を奪われ、事あるごとに触れられている身としては、違うと思いたい。

走り去った少年はすでに『ジンの岩山』の陰に隠れてしまった。とうに姿は消えたのに、ファイサルは動こうとしない。

街で若い娘たちに言い寄られても、酒場の色っぽい女主人に迫られてもなびかなかったのは、もしかして…。

冗談でもそんなこと聞けないよぉ。

すでにファイサルの視線は少年から離れ、『ジンの岩山』から右に逸れた一番大きな大岩に転じていた。

リーンが目を凝らしても大岩しか見えない。

ファイサルはしばらく大岩を凝視していたが、目の錯覚だったようだ、と肩を竦めて視線を外した。

リーンとファイサルは昨日泊まった宿屋の食堂で早めの夕食を取った。離宮にヌーフが戻っていなかったら食いっぱぐれる、とファイサルが言ったからだ。

離宮には小麦や豆の買い置きがあったはずだ。それらを使ってリーンが料理してもいいのだが、ヌーフの不在時には手をつけるな、とファイサルが怖い顔をしたのだ。

「こと、料理に関してはうるさい。リーンが使っても文句は言わないとは思うが…、ヌーフの料理が二度と食べられなくなったら困る」

彼らと食事した、わいわいがやがやとしたにぎやかなあの時間が、妙に恋しい。

それはきっと、兄にちょっかいを出されたリーンが怒り、母が兄を叱り、父が笑う、そんな家族で料理を囲んだ昔を思い出すからだ。

「皆はいつ帰ってくるの？」

「わからん」

十日以上離宮を空ける時もあれば、連日戻る時もあり、戻る時間もまちまちで、全員が揃って戻るとも限らないようだ。

「じゃあ、私が出くわしたのって」

「運がよかった」

「よかったのかな」

運がいいのか、悪いのか。

昨日までなら判断がつかなかっただろう。憧れの王子様に再び会えた喜びと、王子の実態を目の当たりにした落胆を秤《はかり》にかけると、落胆への傾きが大きかったから。

けれど、今はファイサルがいてくれてよかったと思っていた。

「悪かったら俺と会えなかったんだぞ。よかったに決まっている」

「そういうことにしておく」

「そういうことではなく、そうなんだ」

妙な自信はどこから来るのか理解できないけれど、ファイサルとの会話の応酬は楽しい。不安な心を癒《いや》してくれる。

宿屋のおかみさんに頼み、また沐浴場を使わせてもらった。それから明日の朝食用にパンやチーズ、羊の肉を焼いたものと果物などを買い求めた。

途中、ファイサルはひとりで一軒の店に入っていって、店主の男と何やら話していた。香料屋のようだが、買い物に行ったのではなさそうだ。店主は何度も頷いては、ファイサルの言ったことを紙に書き留めていた。

人買いの捜索に関することなのだろうか。

大詰めだってカラムさん言ってたもの。

成果の出ない捜索につき合わせていることを、リーンは申し訳なく思った。

二人は日が落ちたころに離宮に着いた。一晩泊まっただけの離宮なのに、帰り着いた時はなぜかほっとした。

離宮は真っ暗で、ファイサルが懸念したとおりカラムたちはいなかった。ファイサルへの置き手紙もない。

「あれから戻っていないか」

リーンが離宮を出発した日の朝と、居間の中はなんら変わっていなかった。

「カラムさんたちはこの近くにいるの？」

「マクドゥの地図は知っているか？」

「父に見せてもらったことがある」

「ならわかるだろうが、東オアシスに的を絞っても広範囲だからな」

マクドゥには大きなオアシスが三つある。東、西、南だ。北にもオアシスはあるが、規模が小さいので名は挙がらない。

南オアシスは国で一番大きなオアシスであり、王の住まう宮殿や主要な機関がすべて集まっている都だ。多くの人口を支える豊かな水は、隣国の高い山から地下を通ってもたらされているという。

西オアシスは南オアシスに近い南西に位置しており、海にも近く、西側の国々との交易の要になっている。

残る東オアシスは南オアシスに次いで大きく、陸路の中継地として隊商が立ち寄るオアシスだ。東とついているが国土の中心からやや東寄りに位置している。ファイサルが広範囲と言うのも当然で、ほぼ国の半分が捜索範囲になるからだ。

「さて、どちらに向かったのか…。動きがあればなんらかの形で連絡が来るのだが、ないようだな」

繋ぎがないのは、捜索に進展がないからだろう。

「きっと見つかるわ」

ファイサルへの励ましは、自分への励ましでもあった。

『ジンの岩山』で、リーンは何も見つけることができなかった。唯一出会った山羊を連れた少年は、何も知らないようだった。人がいない場所なので目撃者もおらず、捜索は手詰まりになっていて、リーンは落ち込んでいた。

「食べるか？」

ほどよく熟したデーツの実の房を差し出される。リーンが好きなのを覚えていて買ってくれたのだ。

「お腹空いてない」

大好きな甘いデーツも今は食べる気がしなかった。

「疲れた顔をしている。日差しの強い時間に歩き回っていたからだな。今日はもう休んだ方がいい」

ファイサルがリーンの頬に手を添えた。青い瞳が心配そうに陰っている。

「うん。そうする。あの部屋を使ってもいいかな」

「どこでも好きなところを使え」

ファイサルたちは捜索の休憩場所として、国王から離宮を貸し与えられているのだろう。

「ファイサルったら、まるで自分の離宮みたいに言って」

「そりゃあ、ここは…」

「ここは？」

リーンが首を傾げて見上げると、俺の家みたいなものだからな、とファイサルは笑った。

「そんなこと言ってると、王様に叱られるんだから」

リーンは荷物とランプを持つと、水場に行って顔と手足を洗い、部屋へ向かった。

「ガニーさんやヌーフさんがいれば、居間から笑い声が聞こえてきたんだろうなぁ」

離宮の中は静まり返っていて、物悲しく思えた。

部屋に入るとリーンは寝間着用の薄物に着替えた。寝台に腰を下ろすとどっと疲れが出てきて、身体が重く感じる。

「デーツ、ひとつだけでも食べればよかったかな」

ファイサルが心配しているのはわかったが、リーンにはカラ元気を出す気力もなかった。

毛布に包まって横になり、目を瞑った。心身共に疲れきっている。なのに、ちっとも眠気がやってこない。

「昨日まではちゃんと眠れたし、『ジンの岩山』ではあんなに眠かったのに」

早く休まないと明日に差しつかえるとわかっている。わかっているのに眠れない。眠れないと自分に苛立《いらだ》って、苛立つとさらに眠りが遠のいていく。

うーっと唸って髪を掻き毟り、リーンはむくっと起き上がった。いっそ眠るのを諦めれば、眠気はやってくるかもしれない。

明かり取りの窓を見上げると、四角く切り取られた星空が並んでいる。リーンは寝台の上で胡坐《あぐら》をかき、四角い星空をぼんやりと眺めた。

『砂漠を旅する時は、最初にあの星を見つけること。あの星はいつも変わらず同じ場所で輝いているんだよ』

幼いリーンを膝の上に乗せた父は、ひとつひとつ指で指し示しながら、星の見方を教えてくれた。

『そうだよ、リーン。よく見つけたな。えらいぞ』

父は正解するたび、頭を撫でて褒めてくれた。

「父様……」

強くて優しい父が大好きだ。

母に寝物語をねだっていた幼いころ、父が自分の王子様になってくれないのだと知って、とても悲しかった。父は母の王子様なのだから、自分の王子様にもなってくれるものだと思っていたから。

『夜空に星がある限り、向かう方角を見失うことはないよ』

父はそう教えてくれたのに……。

「どこに行けばいいの、父様。どこを探せばいいの？　父様と兄様がいる方角が、星を見てもわからないの」

どんなに見つめても、星空には父と兄の居場所を示す印はない。

父と兄はどこへ行ってしまったのか。

その問いは、二人が行方不明になってから、リーンの頭の中をぐるぐる回っている。いつもは頭の片隅に追いやっていたけれど、『ジンの岩山』で何も見つけられなかったリーンは、そのことでいっぱいになって飲み込まれてしまいそうだった。

夜空が揺れ、星が見えなくなった。

ぽろりと涙が零れた。涙はとめどなく溢れてくる。瞬《まばた》きをするたびに、リーンの頬を濡らした。

「リーン、入るぞ」

扉の外からファイサルが声をかけてきた。

「…っ！」

ダメだと言う前にファイサルが扉を開けた。リーンは慌てて涙を拭い、毛布を頭からすっぽり被った。

「勝手に入ってこないで」

「声をかけたぞ」

「許可してないのに」

ファイサルは傍までやってきて寝台に座った。

「泣いていたな」

「砂が目に入っただけ」

「なら、取ってやる」

「もう取れたの」

「砂が入ったなんて、嘘だろ」

「嘘じゃないってば」

泣き顔を見られたくないリーンは横を向いて、ファイサルを追い払うように手を振る。

「それはひどい。汚い物を追いやるみたいじゃないか」

俺も沐浴してきたんだぞ、とファイサルは背後から覆い被さるようにして、毛布ごとリーンを抱き締めた。

ふわりと馨しい香りに包まれる。ファイサルの纏っている香りはとても心惹《こころひ》かれる香りで、うっとりしてしまう。

このまま包まれていたい。

流されそうになる心を打ち払う。

「あっちへ行って」

追いやりたくても背後から両腕ごと拘束されている。

「髪は引っ張るなよ」

以前、グトゥラごと髪を引っ張られたのがよほど堪《こた》えたのだろう。リーンは雛鳥《ひなどり》の羽ばたきのように、肘から下を動かしたが、無駄な努力だった。

ファイサルはリーンに寄りかかってどんどん体重をかけ、寝台の上に寝かそうとする。

「重いってば」

倒されないよう足を突っ張って抵抗し続けると、ファイサルはやっと諦めてくれた。

「潰れちゃうじゃない。休んだ方がいいって、ファイサルが言ったのに」

今度は動かせる両足をバタバタさせた。

「眠れるのか？　眠れないだろう」

耳元で囁かれ、リーンは足を動かすのをやめた。

「星を見ていたの」

暴れると縛めが強くなり、耳朶に口づけられる。ねろりと舐められて背筋がぞくりとした。

「そんなことしないで」

声が震える。

「泣いていたくせに」

「泣いてないって」

「強がってる」

「強がってなんかないってば。もうなんなの。私は明日も頑張らなきゃいけないんだから、休ませてよ」

意地悪しないで、と頼むと、頑張っても無駄だ、とファイサルは言った。

リーンはかっとなった。腕が動かせたら拳を繰り出していたところだ。

「頑張っても無駄って、なに？」

「そのままの意味だ」

「それがわからないから聞いているの。いくらファイサルでも、そんな言いかたってない。

頑張ったらいけないの？　父様と兄様には私しかいないの。私が見つけなきゃいけないの。私が頑張らなきゃ、誰が頑張るって言うのよ！」

リーンはまくし立てた。

「頑張ったから。一生懸命にやったから。頑張っても成果がなければ意味はない。わからないのか。それは自己満足だ」

「自己満足…？」

頑張りが足りない。足りないから見つからない。もっと、もっと頑張らなきゃと踏ん張ってきた。なのに…。

「どうしてそんなこと言うの」

ファイサルはわかってくれていると思っていた。意地悪したりからかったりしてくるのは、励ましてくれているからではなかったのか。

「辛いだろ。苦しいだろ。昨日も、今日も、何も見つけられなかった。どこにも、どこを探しても二人の存在を示すものはない」

ファイサルの囁きがリーンに重くのしかかってくる。

「やめて！」

リーンは叫んだ。

「ファイサル！　言っていいことと悪いことがあるのよ」

「強がっていたって、それが現実だ。リーンもわかっているだろうに」

強がっているから立っていられるのだ。弱音を吐いたらお終いだ。だから我慢しているのだ。なのに、ファイサルは追い詰める。

父と兄は死んでいるのではないか。砂の中に埋められて、亡骸《なきがら》すら見つからないのではないか。

事あるごとに出てこようとするその問いを、リーンは幾度も押し戻し、砂をかけて地中深く隠すように、ずっと心の奥底に閉じ込めてきた。それを、ファイサルは目の前に引きずり出してきたのだ。

死の気配に、唇がわなわな震えた。

「父様と兄様は生きているわ。生きて…」

信じている。なのに、もう会えないのではないかと不安で押し潰されそうになる。

「私が探し出すのを待っている。私が探さなきゃいけないの。弱音なんて吐いたら…」

下を向くと、紫色の瞳から涙がぽたりと寝台に落ちた。

「くっ…」

不安。悲しみ。恐れ。

ずっと抱えてきたそれぞれの感情はごちゃ混ぜになり、怒りにも似た強いものへと変わっていって、溢れ出してくる。

「どうして見つからないの。二人はどこにいるの？」

土産を買ってくると手を振って旅立った。村のために、他人のために。父と兄がいったい何をしたと言うのか。

「こんなに探しているのに！　一生懸命探しているわ！　なのにどこにもいない。どうして！　私の探しかたが悪いの？　じゃあ、どうやって探せばいいのよ！」

リーンは自分を責め、自分のせいじゃないと言い訳し、帰ってこない父と兄に思慕の念を抱きつつも恨み節を唱えた。

「見つかるって、生きてるって言ったのに、嘘つき。ファイサルのバカ！」

そして、ファイサルをなじった。

髪を振り乱して虚空に向かって大声で叫び、手足をばたつかせて喚いて、まるで子供のようにわーわー泣いた。

ファイサルは何も言わず、背後からリーンを抱き締めていた。ただ、泣き喚くリーンに寄り添っていた。

「う…ふぅ…うっ…」

叫び続けて息が切れ、肩を上下させて呼吸を繰り返すリーンの頭を、ファイサルが撫でた。髪の中がふんわり温かくなったのは、ファイサルが口づけ、彼の息が当たったからだろう。何度もそうされているうち、リーンは次第に落ち着きを取り戻した。

「大丈夫か？」

ファイサルが頬を寄せて問うた。

「だ、じょぶ、じゃ…な、い」

けほっと咳《せ》き込み、えぐぇぐとしゃくり上げながら答えると、そうか、とファイサルは言った。もっと突っ込まれるかと思ったが、よしよし、と頭を撫でているだけだ。

目や鼻の奥が痛い。叫んだから喉も痛い。

リーンははあっと大きく息をついた。

「すっきりしたか」

「う…、う…ん」

頷いて、ずずっと鼻を啜る。ファイサルが横から覗き込み、涙で濡れた頬を掌で拭いてくれる。

あんなに荒れ狂ったのに、今は不思議と心は凪いでいた。

さっきまでと何が違っているの？　泣き喚いたから？

溜まって澱《よど》んでいたものを全部出しきって、空っぽになったような、なんとも清々しい心持ちだ。

こんなに泣いたの、母様が亡くなって以来だ。

リーンがまた鼻を啜ると、ファイサルがくすっと笑った。途端に、癇癪《かんしゃく》持ちの子供のように振る舞ってしまった自分が恥ずかしくなってきた。

きっかけはファイサルの厳しい言葉に腹が立ったからだが、叫んでいるうちに激昂してきて、途中からは何を叫んでいるのか自分でもわからなくなってしまった。

父様も、兄様も、ファイサルも、悪くないのに……。

そして、自分も。

ファイサルの後について歩いているだけの自分に苛立っていた。それだけ追い詰められていた、いや、自分で自分を追い詰めていたのだ。

私、ひどいこと言っちゃった。

力になってくれるファイサルにも罵詈雑言《ばりぞうごん》を浴びせてしまった。ファイサルは怒っているだろうと思った。

怖くてファイサルの顔が見られない。振り返るのを躊躇っていると、身体に回されていたファイサルの腕が解かれた。

身体が自由になった途端、リーンは突き放されたように感じ、寂しくなった。

潔く謝ろう。

リーンはファイサルに向き直り、正面から青い双眸を見つめた。

「ごめんなさい」

「悪かった」

リーンが謝罪を口にすると同時に、ファイサルも言った。

「どうしてファイサルが謝るの？」

「リーンが謝るのはなぜだ」

「あなたにひどいことたくさん言ったから…」

「俺がそうなるように仕向けた。軽口を交わして時々笑っていても、緊張の糸が切れる寸前だと思った。大丈夫だとしか言わないしな」

痛い指摘だ。

「不安を必死に押し隠していることもわかっていた。少しは俺に弱音を吐いてくれるかと思ったが…」

ファイサルは寂しげに笑った。

リーンにしてみれば頼りすぎていて、これ以上負担をかけたくなかったのだが、ファイサルはもっと頼ってほしかったのだろうか。

「気は晴れたな」

リーンは頷いた。おかげで、いっぱいいっぱいになっていた自分に気づけた。

「頑固で言い出したら梃子《てこ》でも動かないとウサーマが言っていた」

兄は何をどこまで話したのだろう。

「自分から話さないのなら、話すように持っていくしかない。だから荒療治をした。険しい顔つきが変わった。効果はあったようだ」

ええ、と微笑むと、ぎゅっとファイサルに抱き締められる。

「壊れなくてよかった」

安堵の声と共に、ファイサルの思いが伝わってくる。案じてくれていたことが嬉しくてたまらない。ファイサルが救ってくれたのだ。

父や母に抱き締められると、ぬくもりに幸せを感じる。けれど、こうしてファイサルの腕の中にいると、両親とは違う喜びとときめきがある。

「嫌なことを言った。あれは俺の本意でない」

「わかってる。ありがとう」

リーンは顔を上げると、ファイサルの頬に口づけた。それは感謝の意だけでなく、言葉で伝えていない好きだという思いも重ねていた。

リーンにとってはかなり大胆な行動だったのだが、ファイサルはそこでは不満だという顔をした。そして、初心なのも悪くない、と笑った。

「これからどうすればいいのかな」

リーンは素直に問うた。父と兄は行方不明のままだ。些細な糸口があればたどれるのに、それすらないのだ。

「諦めるのか？」

「そんなわけないでしょ！」

唇を尖らせると、それでこそ俺の未来の妻だ、とファイサルに唇を啄まれた。

「ファイサル！」

「今日はもうしない」

「今日は、って…」

もう少ししたら日が変わって、今日は終わってしまうではないか。

「明日はもう一度『ジンの岩山』まで行こう」

「人買いの捜索は？」

「人手が足りないのは確かだが…」

リーンは王子様を待つ夢見る少女だけれど、冒険の話も大好きだった。塔の上で救いを待つお姫様ではなく、男の子になって自ら冒険の旅に出るのだ。

母にそれを打ち明けると、母はこう言った。

『まぁ、素敵。だけど、一度男の子になったら女の子には戻れないの。母様はリーンの髪を編んであげられなくなっちゃうのね』

母がしょんぼりするので、男の子になるのは諦めた。リーンも母に髪を梳《す》いてもらうのが大好きだったから…。

女の子のまま冒険に行こう。

そう思い立ったのが、お転婆娘の始まりだったのかもしれない。

「私が男だったらファイサルを手伝えるのに」

「それは困る。妻にできないではないか」

ファイサルの手が背中を撫でているので、身体がむずむずしてくる。

「軽口ばっかり」

リーンは身体の変化を知られないようファイサルの胸を叩いた。

「からかってなどいないぞ。だが、冗談でも言い合って、バカ笑いしていないとやりきれない時もある」

ファイサルたちは二年もの間、人買いを追っているという。青い瞳が陰ったのは、嫌なものを目にし、捕まえられない焦りや力不足を感じるからだ。

「じゃあ、ガニーさんは皆を和ませようとしてるのね」

「いや、あれは素だ」

ファイサルは笑った。ガニーの明るさのおかげで救われている部分も大きいのだろう。

リーンはファイサルに抱き締められたまま寝台に横になった。ファイサルが深く息を吐いた。

「こうしていると不思議とよく眠れる」

ファイサルも疲れているのだ。リーンは抗わずにおとなしく腕の中に収まった。

「抱き枕になってあげる。変なことしないでよ」

「リーンの変なこととは、こういうことか？」

するりとリーンの右胸を撫で上げる。

「ひゃ！」

じわっとした不思議な刺激が胸元から広がった。

「何もしないって言ったじゃない！」

「寝間着姿の君がいるのに？」

着替えたことをすっかり忘れていた。下着の胸当てを着けていない。薄物なので身体の線が露になってしまう。羽織っていた毛布はどこへ行ってしまったのか。あれに包まればときょろきょろしているうちに、腰を引き寄せられて身動きできなくなってしまった。

ファイサルは乳房の柔らかさを確かめるように撫で回す。

「っ……んっ」

離宮に忍び込んだ時とはまったく違う触れかたで、脇から膨らみをすくうように揉《も》みしだかれる。胸の先端を指で押されたリーンの身体が、勝手にびくっと跳ねた。

「あっ……やっ」

乳首をファイサルの指がいたぶると、肌の上をさざ波が渡っていく。爪先で生地越しに削られると、得も言われぬ感覚が襲ってくる。

「気持ちいいのか？」

じれったくって、うずうずするこれを、気持ちがいいと言うのだろうか。

「やだっ！」

青い瞳はいつものように楽しげに煌めいている。

「ほら、見てみろ。触ってほしそうにしている」

胸の膨らみの中央で、尖った乳首が寝間着を押し上げていた。薄物を通して、乳首の淡い色が透けて見えている。

「やだっ、見なっ、…は…ぅっ」

乳首を摘まれた。指先で捏《こ》ねるように弄られると、身体が仰《の》け反《ぞ》ってしまう。リーンはとっさに唇を噛んだが、甘い吐息が漏れた。

ファイサルが生地越しに乳首の先端を舐め、それから舌先で転がすようにしたり、唇で食《は》んだりする。

「いやっ」

「感じやすいな」

「ちがっ…、あぁん」

口と指で両の乳首を弄《もてあそ》ばれ、刺激を与えられるたび、リーンは耐えようのない快感にびくびくと身体を揺らした。

「あんっ…、やっ、しな、いでっ」

触れられていると、下腹が疼《うず》いて、恥ずかしい場所が潤んでくる。

やだっ、どうして…？

じっとりと湿り気を帯びているのは、叢《くさむら》の奥、秘めたる場所からトロリとしたものが流れ出してくるからだ。

ファイサルはぱくりとおやつでも食べるように、乳輪ごと口に含むと乳首を強く吸い上げた。

「ひっ」

甘い痛みがリーンを苛《さいな》み、恥ずかしい場所がぴくぴくと蠢いた。

「可愛いな」

ファイサルは胸を弄りながらリーンの首筋に顔を埋めた。ねろりと舐め、唇で首筋を食んでいる。乳房の愛撫《あいぶ》と相まって、吐息が肌を撫でるだけで感じてしまう。

「あぁっ」

リーンが頭を振ると、首筋にちりっとした痛みを残してリーンを放した。

「これで我慢する」

そう言うと、ファイサルは満足したような顔で唇を啄み、リーンを抱いて目を閉じてしまった。

リーンは呆然としていた。

胸も、首筋も、あの場所も、身体中がどくどくと鼓動している。全身が熱かった。身体の中から熱が外に向かって放たれていくように。

自分の身体にいったい何が起こったのか、わからずにただただ慄《わなな》いていた。熱を静めようにも、どうすればいいのかわからない。

下腹の奥からは不思議な感覚が湧いてくるし、乳房は中から膨らむように張り詰めて、弄られた乳首は薄物が擦れるだけでリーンに快感をもたらすのだ。恐ろしいのは、もっとファイサルに触れてほしいという欲望が頭をもたげていることだ。

一言文句を言ってやろうとファイサルを見ると、寝息が聞こえてきた。

「うそっ、寝ちゃったの？」

あんまりだ、と思った。

約束を破っただけでなく、こんな状態でほうってさっさと先に寝てしまうとは、自分勝手も甚だしい。ひとりだけ眠りについたファイサルを恨めしく思う。

ファイサルはこれで我慢すると言ったが、これで、の先にはいったい何が待ち受けているのだろう。リーンは王子様と甘い口づけをした後のことなど、想像すらしたことがなかったのだ。自分のことが好きなのか、ファイサルの本音も見えない。

頬をつねって起こしてやろうかと思う。けれど…。

端整な寝顔を見ていると、愛《いと》おしいという思いが溢れてくる。

「こんな強引な人、好きにならなければよかった」

リーンは金色の毛先に触れ、ちょっぴり涙ぐんだ。


目が覚めたらファイサルはいなかった。

起きたのはだいぶ日が昇ったころで、顔を洗って居間に行くと手紙が置いてあった。


『所用。出るな！』


必要最小限の殴り書きだ。所用とあるが、よほど急いでいたのだろう。昨日買っておいた食料が手つかずのまま置かれていた。食べずに出かけたようだ。

「いつ出ていったんだろう。誰か呼びに来たのかな」

ファイサルは猫のように音を立てずに動くのか、自分が寝穢《いぎたな》いのか、何があったのかまったくわからない。

「いなくてよかったかも」

身体の疼きは治まっているが、からかい半分で昨夜の続きをしようと言われたら、と考えてリーンはぶるぶると頭を振った。

「さっさと先に寝ちゃうし、勝手なんだから！」

リーンはあの後しばらく寝つけなかった。このままずーっと治らなかったら、とびくびくしていた。身体が落ち着くと心底安堵し、ほっとしたからか、ファイサルの規則的な寝息を聞いているうちに、睡魔が訪れてくれたのだ。

「出るな、って離宮から出るなってことよね。無理でしょ！」

リーンは『ジンの岩山』に行くつもりだった。

クタイバたちの証言から、昨日調べたのは大岩だけだ。それも全部見て回ったわけではなく、『ジンの岩山』には近づいてもいなかった。

ファイサルはクタイバたちの証言を疑問視していた。リーンも今では疑わしいと思い始めているが、嘘をついたとは思いたくない。暗がりで突然襲われたら動揺するし、記憶が曖昧な可能性もあるからだ。

あまり時間がない。『ジンの岩山』に着くのは昼を過ぎるだろう。リーンは急いで朝食を取った。

エランの街の通りを抜け、リーンは『ジンの岩山』まで意気揚々と来たものの、不気味な岩肌を目にして鳥肌が立った。

「昨日の子、いないかな」

山羊を連れた少年は『ジンの岩山』を怖がっていなかった。ファイサルには口が裂けても言えないけれど、ひとりは心細く、少年がいてくれたらいいのに、と思ったのだ。

「そんな簡単にはいかないよね」

リーンはラクダに乗ったまま『ジンの岩山』の周囲を巡ってみることにした。真っ昼間から魔物が襲ってくることはないだろうが、ラクダに乗っていればいざとなったらすぐに逃げられる。

周囲をゆっくり回ると、昨日捜索したのとは反対側に出た。不思議なことに、こちら側に大岩はひとつもなかった。

「大岩は向こう側にしかないんだ。ってことは、襲われたのは向こうか。ファイサルはこっちに大岩がないことを知ってたのかな」

少年が走り去った『ジンの岩山』の裏側は、荒涼とした砂漠が広がっているだけで、テントの影もなかった。

「あの子、もっと向こうって指さしていたけど、どこで暮らしてるんだろう」

少年が遊牧民なら移動してしまった可能性もある。

リーンは時々ラクダから降りながら、『ジンの岩山』の周囲を巡って元の場所に戻ってきた。

「結構時間かかっちゃった」

確認していない大岩はまだいくつもある。だが、太陽の傾きに、リーンはそろそろ帰らなければと思った。

「ファイサルは帰ってきてるのかな。私がいないから、怒っているかもしれない」

明るいうちに離宮に戻れば言い訳が立つだろうが、暗くなって帰ったら叱られてしまいそうだ。

「お仕置きだとか言って変なことされそう」

破廉恥な想像をしてしまい、リーンは頭の周りで両手を振り回した。

「バカなこと考えてないで、さっさと帰ろう。本当にお仕置きされちゃう」

リーンはラクダに乗ろうと手綱を握って、ふと、人の気配を感じた。振り返ると、ラクダに乗った五、六人の男が遠くの大岩からこちらを窺っていた。

「なんだろう」

リーンが男たちを捉えた瞬間、男たちは一斉にラクダに鞭《むち》打った。

「はっ、こっちに来る！」

リーンは慌ててラクダに跨ると急き立てて、東オアシスへ走らせた。

人買いが横行していることは聞いた。連れていかれるぞ、とファイサルに脅されたけれど、まさか自分が、と思った。理由がわからない。男たちは明らかに自分を追ってくる。

たまたま彼らが悪だくみをするのに集まっていたのか。この辺りにはラクダがすっぽり隠れる巨大な大岩はいくつもあるし、『ジンの岩山』に好んで来る人間などいない。そこへ、運悪く行き会ってしまったということもある。

「あんなに大勢いるのにどうして気がつかなかったの」

潜んでいたにしろ、後から来たにしろ、気配にまったく気づけなかった。

リーンは鞭を当て、必死にラクダを走らせた。

ナツメヤシの緑の葉が風で舞い上がった砂で霞《かす》んで見えるくらいに、東オアシスはまだ遠い。気持ちは焦るばかり。なにしろ、男たちとの距離は徐々に縮まっているのだ。

「お願い、頑張って」

ラクダはリーンの期待に応える走りをしてくれている。だが、リーンのラクダはまだ幼い。男たちの乗る大人のラクダの足には到底敵《かな》わない。このままでは、東オアシスに着く前に捕まってしまう。

後方から聞こえてくるラクダの足音が次第に大きくなってくる。どのくらい距離が縮まっているのか確かめたいけれど、怖くて後ろを振り返れなかった。

盗賊と出くわした時より何倍も怖かった。怖いもの知らずだったあの時とは違い、今のリーンは、五人も相手にできないとわかっている。

冷や汗が流れてくる。ファイサルの名を呼びそうになって歯を食いしばる。言いつけを守らなかったのだ。助けてほしいと願うのは虫がよすぎる。

とうとう男たちがラクダを鞭打つ音まで聞こえてきた。

追いつかれる！

オアシスの周囲を巡回する警備隊に行き当たる確率はかなり低い。だが、運よく巡回していたらと顔を上げると、東オアシスの方からラクダが爆走してくるのが見えた。

「挟み撃ち？」

リーンは前方を睨んだ。走ってくるのは、たった一騎。

なびく紺青のグトゥラ。

「ファイサル！」

リーンは叫んだ。

ここからでは顔ははっきりしないけれど、あれは間違いなくファイサルだ。ファイサルが来てくれたのなら、もう少しだけラクダの足が持てばいい。リーンは身体を低くして、ラクダにしがみついた。

気づけば、足音は自分のラクダだけになっていた。振り返ると、男たちはラクダの足を止めていた。

「リーン！」

名を呼ばれた。ファイサルの顔が見えた。

リーンは手綱を握り締めていた手を開いた。掌には爪の跡がついていた。

ファイサルに助けられたリーンは、エランの街の商店が連なる通りの中の一軒に連れてこられた。

「外に出るな」

ファイサルはそれだけ言うと出ていってしまった。

通りから判断して、何かを商っている店かと思いきや、普通の家のようだ。間口の狭い建物の中が意外と広く感じるのは、奥行きがあるからかもしれない。家の中には必要最小限の物は揃っているが、人が暮らしている空気を感じなかった。

「怒ってた。そうだよね、怒るよね……」

リーンは悄然《しょうぜん》とし、ぺたんと絨毯《じゅうたん》の上に座った。

リーンを追っていた男たちは、東オアシスから走ってくるファイサルの姿を認めると、ラクダの足を止めて様子を窺っていたが、ファイサルがリーンの横を走り抜けて剣を抜くやいなや、ラクダの首を返して砂漠へ逃げていった。

ファイサルは深追いしなかった。男たちが去っていくのを確認すると剣を収め、リーンの元に戻ってきた。

「怪我はないか？」

「うん。あの……」

リーンは謝ろうとしたが、ファイサルは怪我を確かめるのにリーンを一瞥《いちべつ》しただけで、そのまま東オアシスに向かって走り出してしまった。置いていかれたリーンは紺青色のグトゥラの後を追うしかなかったのだ。

東オアシスに戻る間中、ファイサルは口を開こうとしなかった。怒っているのはわかった。リーンはそんなファイサルに声をかけられないまま、この家に着いたのだ。

「どうしよう……」

こんなことになるとは思わなかった。いつも後先考えずに行動しては、ファイサルに迷惑をかけている。

婚約者だ、未来の妻だと冗談を言ってはからかっていたファイサルも、呆れて二度と口にしないだろう。

「嫌われちゃったかも……」

涙が出そうになり、リーンはグトゥラを脱いで顔を覆った。ぽつねんと座っていると、どんどん落ち込んでくる。

「うーっ！　泣き言言っている場合じゃない！」

ごしごしとグトゥラで擦り、リーンは顔を上げた。

「自業自得なんだから。反省はするけど、くよくよしない」

ファイサルの厚意にいつまでも甘えてはいられない。兄の親友だから、これまで助けてくれたのだ。彼には彼の、成すべき仕事がある。

「一度、シャムラン村に帰ろうかな」

だが、村にはイマームがいる。リーンは、あの男たちは人買いではなくイマームの追手なのではないかと思った。

ファイサルに指摘されてから、できるだけ顔が見えないようグトゥラを深く被っていた。あの男たちが『ジンの岩山』でたまたま自分を見かけたとしても、遠目には少年にしか見えないはずだ。

人買いが攫《さら》うのは年頃の娘か幼い子供だという。少年には手を出さないとも聞いた。もしも、あそこでよからぬ相談をしていたとしても、あれだけ遠いと声は聞こえないし、少年がうろうろしていても、姿を現さなければいいだけだ。

リーンがシャムラン村を出て東オアシスに行ったことは、ハウラから村人に漏れているかもしれない。父と兄を探すとクタイバやディヤーブにも言ったから、おのずと、リーンがどこへ向かうのかわかる。

父と兄が襲われた『ジンの岩山』だ。

「東オアシスから追ってきたふうじゃなかったし」

とすれば、『ジンの岩山』でリーンが来るのを待ち構えていたのではないか。

イマームのあの不気味な目に見張られている気がして、リーンに怖気が走った。東オアシスも安全ではないのだ。

夕暮れが近づいて薄暗くなり始めた家の中のどこからか、イマームが見ているような気がしてくる。

そう、あの奥の暗がりに……。

家の奥に目を凝らすと、がたっと音がして家の扉が開いた。

「ぎぃやぁーっ！」

リーンは悲鳴を上げた。イマームが来たと思ったのだ。だが、扉を開けたのはファイサルだった。

「ファイサル！」

リーンは飛び上がるように立つと、ファイサルにしがみついた。驚いて、心臓がバクバク鳴っている。

「さっきのことをごまかそうとしているんじゃないだろうな」

顔を上げると、冷めた目で見下ろしている。リーンはファイサルから慌てて手を放した。

「扉が開いたから驚いてしまって」

ファイサルは持っていた荷物を床の上に置くと、壁に設けられているランプと、天井から吊り下げられているランタンに火を入れ、そこに座れ、と言った。

小さくなってクッションの上に座る。ファイサルはリーンの向かい側に腰を下ろしてグトゥラを脱いだ。明かりが灯《とも》されて、見たくないところまではっきり見えてしまう。

ファイサルは仏頂面だった。

「離宮に置き手紙を残してきた。見なかったのか」

「…見ました」

「それで、俺に何か言うことはあるか」

「ごめんなさい」

反省しています、とつけ加えると、ファイサルは呆れたように深いため息をついた。

「どうしてそう考えなしなんだ」

返答のしようがなかった。

「俺が間に合ったからよかったようなものの、あいつらに連れ去られていたらどうなっていたか、わかっているのか。そもそも、あいつらはなんだ。どうして追われることになった」

大岩の陰にいた男たちが、自分を見ていきなり追いかけてきたのだと話した。

「思い当たる節はあるのか？」

イマームのことを話すべきか迷う。男たちがイマームと繋がっている確証はないのだ。あやふやなことで、これ以上迷惑をかけたくなかった。

躊躇いを見せたリーンに、ファイサルは渋い顔をした。

「隠していることを正直に話せ」

「何もないわ」

「何もないだと」

地を這うような声だった。

「以前もそう言ってごまかしたな」

「だっ、だって、私個人のことで…」

「それを話せと言っているんだ」

ファイサルが身を乗り出した。リーンがずずっと尻で下がると、ファイサルはちっと舌打ちして鼻筋に皺を寄せ、四つん這いで迫ってくる。

さながら、斑紋のある猛獣のようだ。

兄との旅の途中に通った山岳地帯で、一度だけ目撃する機会を得た、それはそれは美しい獣だった。近づけば、鋭い牙で喉笛を食いちぎられると聞かされたけれど、軽々と岩場を駆け上がるしなやかな姿から目が離せなかった。

「俺はすこぶる機嫌が悪い」

肉食の獣が鋭い牙を剝いて狙いを定めている。少しでも動けば、喉笛に食らいつかれてしまう。

リーンは金縛りにあったように身動きできなくなった。

「だが、今ならまだ許してやる」

斑紋の獣がリーンの太腿《ふともも》の上に手を乗せて迫ってくる。

怖い……。

叱られたことはあっても、こんなに怖いと思ったことはなかった。ファイサルの青い瞳は怒りからか鈍く光っていた。凄《すご》みに当てられたリーンはその青い瞳を見ているだけで、声を発することができなかったのだ。

すうっと双眸が細められた。

「言わないのなら、言わせてやる」

立ち上がったファイサルに引きずられるようにして、リーンは壁際の大きなクッションの上に投げ出された。

「きゃっ」

服を引っ張られた拍子にボタンが弾け飛ぶ。

「ファイサル、待って！　話すから」

頼めばやめてくれると思った。だが、リーンの期待どおりにはならなかった。

「もう遅い。俺の我慢も限界だ」

ファイサルがのしかかってくる。逃げようとして身を捩ると、上着の襟元を摑まれた。ボタンが取れているので、ずるりと胸元まで下ろされる。

「あ…」

胸当ての下着を強引に剝ぎ取られ、クッションに身体を押しつけるようにして、露になった乳房を鷲摑《わしづか》みにされる。

「いっ…、聞いて！　ファイサ…ぅ…」

嚙みつくような口づけに、リーンは言葉を封じられた。ファイサルは話を聞く気はなくなったのだ。

吐息ごと奪うように唇を覆われ、引きずり出されたリーンの舌が獣の牙の餌食《えじき》になる。嚙みちぎられてしまうのではないかと慄き、絡みついてくるファイサルの舌に舐め溶かされる。

「ふ…、ぅ…ん…」

ファイサルに口腔内を犯され、リーンは成す術もなかった。

互いの唾液が混ざり合い、飲み込めなかった唾液がリーンの口の端から流れ落ちていく。

その間も、乳房は肉の塊のように獣の手に弄ばれていた。

必死にファイサルの手を退《ど》けようとしたが、抗ったお仕置きだと言わんばかりに、さらに強く摑まれて痛みが倍増し、リーンの目に涙が滲んだ。

言うことを聞かない私への罰なの？

触れられている場所は同じなのに、昨夜の快感が幻だったかのような激しい痛みが襲ってくる。リーンは懸命に耐えた。

やっと唇が解放され、大きく息を吸ったところで、白い肌の上で赤く色づいた実を強く摘まれた。

「ぅ…」

「もうこんなに固く尖らせてる」

昨夜の愛撫で敏感になっていた乳首は、まるでファイサルにいたぶられるのを待っていたかのようにぷくっと膨らんでいる。

「痛くした方が感じるようだな」

「ちがう、そんな…、あぁっ」

強く捏ねられると、激しい痛みの後からじわりと快感が追いかけてくる。

「やめて！」

「感じているじゃないか」

指で弾かれたり、摘まんで捏ねられたり、何をされても感じてしまう。下腹が絞られるように疼き、恥ずかしい場所がぴくっと動いた。

ダメっ…、動かないで。

身体の中で、また何かが変化している。この先には、恐ろしいことが待っているのではないか。

「話す…、からっ」

「遅いと言っただろう」

ファイサルは乳首にしゃぶりつき、口の中で赤い実を舌で転がす。

「やっ…あぁぁ…ん」

ファイサルに散々弄ばれた赤い実は、爆《は》ぜる寸前だった。このまま舐め続けられたら、無くなってしまうのではないか。

「聞いて！」

リーンの訴えを無視して、ファイサルは身体のあちらこちらに舌を這わしてリーンを身悶《みもだ》えさせる。

おかしくなりそう。

獲物を嬲《なぶ》るように噛み痕を残しながら徐々に下へと動いていく。

ファイサルの肩を摑んで押しても、頼んでも、やめてくれない。話を聞いてもくれない。

ならば、独り言のようにしゃべるしかない。

「父と兄が殺されたって言われて…」

リーンが話しだすと、ファイサルは一瞬動きを止めたが、すぐに身体への愛撫を続けて臍《へそ》の下へと手を伸ばす。

懸命に話しているのに、ファイサルは聞いているのかいないのか、痛みと快楽を与えてくる。必死にやり過ごして話し続けたが、下草の丘に触れられて言葉が途切れた。

操ったくって、恥ずかしくって、身体が震えた。

この先は熱を帯びて潤んだ、秘めたる場所があるだけだ。そこはリーン自身にも制御できない場所となっていて、とろとろと身体の奥から蜜を漏出している。

リーンは両の太腿を固く閉じた。

「ふ…、ぅ、イマームが…、息子のターハとの結婚話を持ってきて…」

下草を撫でられながら、結婚話が持ち込まれたところまでをなんとか話すと、ファイサルはいきなりリーンの膝裏を持ち上げて、閉じていた両足を大きく割り広げた。

「きゃっ！」

秘めたる場所がさらけ出され、激しい痛みがリーンを襲った。

「う……っ！」

潤んだ蜜壺《みつつぼ》にファイサルがいきなり指を突き入れたのだ。大きく目を見開いたリーンは、あまりの痛みに息を詰まらせた。

「や…、めて…」

「こんなに濡らしておいて、やめて、か」

か細い声で頼んでも、ファイサルは嘲るように言って、突き入れた指で蜜壺を無理やりかき混ぜる。

「ひ……っ」

あまりの痛みに悲鳴すら出なかった。ひどい仕打ちに涙がぽろぽろ零れてきて、リーンは両手で顔を覆った。

「君には結婚相手がいたってことか」

「違う！　く…ぅ」

ファイサルが指を出し入れすると、身体が悲鳴を上げる。

「襲われたの！」

リーンが叫ぶと、ファイサルの手が止まった。

「二人に襲われたのか！」

くちゅッという音を立てて指が引き抜かれた。リーンは詰めていた息を吐いた。

「逃げた。その足でここまで来たの」

追手が来るかもしれないと思ったが、ただでさえ迷惑をかけているのに、これ以上、はっきりしないことでファイサルを煩わせたくなかったのだと、リーンは泣きながら話した。

言い終えると、そっと髪を撫でられた。

「すまない。痛かったか？」

機嫌を窺うような声がした。

「怖かった」

顔を隠した手をそっと取り除かれる。目を開けると、青い瞳を煌めかせ、なぜか嬉しそうな顔をしたファイサルがいた。

「なんで嬉しそうなの」

リーンが鼻を啜ってむくれると、そうだな、と言ってファイサルはにやける。

「すごく痛かったんだから。いきなりこんなこと…」

「悪かった。腹が立ったんだ」

腕で胸を隠そうとすると阻まれる。

「内緒にしていたのは悪かったけど、お仕置きにしたってこんな…」

口にするのも恥ずかしい。

「ひどいことするファイサルなんて嫌い！」

身を捩って身体を隠そうとしたリーンの膨れた頬に唇を寄せると、突き放そうと伸ばした手を摑んで指先にファイサルが口づける。

「もう痛くしない」

真摯な青い瞳が見つめてくる。いつもの優しいファイサルだ。もう怖い思いをしなくてもいいと安堵した。なのに…。

ファイサルはリーンの下草に手を伸ばしてきた。

「なつ、変なとこ触らないで！　もうしないって…」

あんな怖い思いは二度としたくない。

「痛くしない、と言っただろ」

今度は気持ちよくしてやる、と言うと、ファイサルは再びリーンの両足を広げて肩に担ぎ上げると、秘めたる場所に顔を埋めた。

「何するの！　ファイサ…ひっ…」

柔らかなものが、リーンの花弁を突いたかと思うと、ねろりと舐め上げられる。

「ふぁ…そ、なとこダメぇ…ぁあん」

ちろちろと花弁に悪戯され、花芽を吸われたリーンは甘い声を上げた。たまらない快感がさっきの鈍痛を覆い隠していく。

まるで花の蜜を吸うように、ちゅっちゅっと音を立ててファイサルは花芽を吸っては、花弁を指で左右に広げて、隅々まで確かめるように舌を這わせていく。

「見ないでっ！」

ランタンの灯りですべてを見られていると思うと、蜜壺が勝手にぴくぴくと蠢いてしまう。

「ああ、可愛いな。いやらしく動いている。俺を誘っているんだな」

してないってば。

そう言いたいのに、出てくるのは甘い吐息だけだ。

「きれいだ」

ファイサルの舌の愛撫にリーンはとろけ、答えるように秘部はとろりと蜜を吐き出す。

「蜜が溢れてくる。とろとろだ。なんて淫らな身体だ」

「ちがっ、やぁん」

「もっと俺に与えてくれ」

蜜を啜り上げる音がして、全身が熱く燃えた。恥ずかしくて足を閉じたくても、ファイサルの身体が邪魔だった。執拗《しつよう》な愛撫に力がくたくたと抜けてしまう。

羞恥に身悶え、快感に翻弄《ほんろう》されていると、ファイサルの指先が蜜壺の入り口をなぞった。

リーンは陶酔から覚めるように身体を強張《こわば》らせた。痛みの記憶が蘇《よみがえ》ったのだ。

だが、蜜壺に埋められたのは指ではなかった。

「ひぃっ！」

ファイサルが舌を突き入れたのだ。

卑猥《ひわい》な音を奏でながら、ファイサルは蜜をすくっては出し入れする。柔らかな舌で蜜壺を蹂躙《じゅうりん》し、合間に花弁を指で摘まむ。次から次へとたたみかけてくる快感に、リーンは腰を揺らめかせていた。

気がつけば、秘めたる場所にファイサルの指が入り込んでいた。少々の違和感があるものの、不思議と痛みはなかった。蜜壺の柔らかな肉襞《にくひだ》を抉《えぐ》るようにファイサルの指が動くと、全身に快感が広がっていく。

「あぁ、ファイサル」

「ここがいいのか？」

ぐいぐいと指で肉の壁を押されると、身体が勝手に答えを返してしまう。二本、三本、と犯す指が増えてもリーンの肉筒はファイサルの指を受け入れ、肉襞が絡みついた。

「くそっ」

ファイサルの声がして身体を埋めていたものが突如失《う》せた。リーンは途端に物足りなく感じた。

もっと中を擦ってほしい。もっと奥まで…。

卑猥な渇望に慄き、戸惑う。

ファイサルはどこに行ってしまったの？

リーンが目を開けると、膝立ちになって服を脱ぎ捨てた裸のファイサルがいた。鍛えられた身体は美しく、まさしく斑紋の獣だ。

金色の叢で存在を主張する分身を目の当たりにして、リーンは目を泳がせた。ランタンに照らされて、明るい叢の中で分身が濡れて光っていたのだ。

あれは…。

ファイサルが覆い被さって口づけてきた。また、獣の如く喰らいつかれるのかと思いきや、優しく、甘く、淫らな口づけが与えられる。

「上手くなった。もっと舌を出せ」

リーンは言われるがままにファイサルに与え、首に腕を回して自分から求めていった。首筋に、乳房に、脇腹に、ファイサルは口づけの雨を降らせていく。噛み痕を消すかのように身体中を啄んで、息つく間もなくリーンを身悶えさせる。そして、ファイサルは再び秘めたる場所へと手を伸ばしてきた。

「やぁっ、も、そこは……」

肉筒を弄られると、卑猥な収縮を繰り返して蜜を零してしまう。これ以上嬲られたら、もっとかき混ぜて！　と叫んでしまうかもしれない。

太腿をファイサルが撫でさする。産毛が総毛立ってリーンが新たな蜜を滴らせると、ファイサルはリーンの腰を持ち上げた。雫《しずく》の滲んだ分身で蜜壺の入り口や花芽を擦り、互いの愛液を絡ませる。

二人の蜜が奏でる、にゅちゅっと粘つく卑猥な音が聞こえていたが、ファイサルが足を抱え直し、蜜壺にあてがった。

まさか、そこに入れるの？

「やっ、やだっ、ファイサル！」

「ここで繋がってひとつになる」

無理だと頭を振ったけれど、巨大なものが蜜壺の中にめり込んできた。

「はぅっ！」

指の痛みなど比べ物にならない。愛撫に酔いしれていた身体が二つに引き裂かれたようだった。

死んじゃう。

リーンは仰け反った。あまりの苦しさに身体が硬直する。

「キツイな」

それでもファイサルは容赦なく分身を押し込んできた。

「ひぃ！」

息を吸っても吐いても悲鳴になる。

「もう大丈夫かと思ったんだ、が…、くっ…」

ファイサルがリーンの腰を掴んで腰を進める。分身は肉の壁をかき分けて奥へと達した。

「これで君は俺のものだ」

「嘘つき…。痛く、しな、って言った。で、出てって」

収まっていた分身がずるずると外に出ていく。ほっと息を吐いた瞬間、再び突き入れられ、
今度こそ、身体が真っ二つに裂けたのではないかと思う痛みに襲われた。

「それは、無理」

あっさり拒否される。

「ファイサルの…」

「ん？」

バカぁーっ！

聞き返すと同時にファイサルが上体を倒すので、最奥まで昂《たか》ぶりに貫かれて声も出せなかった。

ゆっくりとファイサルが動きだす。腹の中をぐちゃぐちゃにされているようで、痛みと圧迫感に苛まれる。なのに、奥を突かれると不思議な感覚が生まれた。

「あ、なに？　やっ！」

奥を突かれると身体が勝手に跳ねて、きゅっと肉筒が収縮する。

「くっ、たまらない」

「…ぁ…、や、やだ、ああっ！」

卑猥な音を立てながら執拗に奥を突かれ、速くなる動きに身体を揺さぶられる。

「やっ、あっ、んんっ」

「君が愛おしいよ。可愛いリーン」

ファイサルが何か言ったけれど、リーンにはよく聞こえなかった。

分身に肉筒を擦られる快感が次第に強くなって痛みはかき消され、ファイサルの腰の動き

にもたらされるのは快感だけになる。

自分が叫んでいるのか、もしくは、叫ぼうとして頭の中で叫んでいるのか、リーンにはわけがわからなくなっていた。


外は明るかった。朝になったのだろう。

いつの間にか気を失っていたのだ。だが、昨日のことははっきり覚えていた。

「大丈夫か？」

脇に座っていたファイサルがリーンの髪を撫でた。

大丈夫じゃないと言うように頭を振ると、リーンは身体にかけられている毛布を引っ張って顔を隠した。

叫び乱れて汗ばんだ身体が、妙にさっぱりしていた。そっと手を動かして確認すると、あんなに蜜で濡れそぼった恥ずかしい場所も、きれいになっている。ファイサルが拭いてくれたのだろう。

ファイサルに見られた。あんなとこ、見られた。なっ、舐め…、恥ずかしいよぉ。

初めてを奪われて、あれは愛し合う者同士が行う行為なのだとリーンは知った。

もし、砂漠で遭遇した盗賊や、ターハやイマームにあんなことをされていたら、気が狂ったか、自ら命を絶つかしただろう。

ファイサルにあげられたのは嬉しい。ファイサルが好きだから。けれど、あんな行為をしても、ファイサルが自分をどう思っているのかわからない。

「変な親子につき纏われていると、どうして教えてくれなかった」

話せばこんなことはしなかったと言いたいのだろうか。

昨日のあれは、お仕置きだったんだ。

悲しくなってきて、涙が溢れてくる。毛布をぎゅっと掴んで目に当てごしごし擦ると、怒ってはいないぞ、とファイサルが慌てたように言った。

「顔を見せてくれ」

被っていた毛布をちょっぴりずらすと、ファイサルが心配そうに覗き込んでいた。

「どうして泣くんだ？」

「…お仕置きであんなことするから」

「お仕置きだって？　あ、いや、うん。そうだな」

やっぱり…。

ぶわっと涙が溢れてくる。

「ああ、泣くな。確かに、最初は腹が立っていたが、俺だってずっと我慢していたんだぞ」

「我慢？　何を？」

「何をって…、え？　ちょっと待て。お仕置きだけで君を抱いたと思っているんじゃないだろうな」

思っていた。

リーンの顔に答えが表れていたのだろう。ファイサルはひどく傷ついた顔になった。

「俺をそんな男だと思っていたのか…」

私は何か間違っていたの？

「だって…、いつも婚約者とか未来の妻とか、冗談しか言わないし」

「冗談で未来の妻なんて言うものか。口づけだってするわけがない」

「でも…」

「昨日だって君が愛おしいと言ったじゃないか」

いつ言ったのだろう。まったく覚えていない。リーンが頭を振ると、聞いていなかったのか、とファイサルは肩を落とした。

「じゃあ…、私のこと好きなの？」

思いきって聞いてみる。

「リーンが好きだ。好きだからしたんだ」

さっきまでの悲しい気持ちが、その一言で全部吹き飛んでしまった。嬉しくて、身体が辛くなければ踊りだしたいくらいだ。

「ファイサルが好き」

「知ってた」

ファイサルは笑って口づけてくれる。

「ずっと君が欲しくてたまらなかった。男が我慢するのは大変なんだぞ」

今だって、とファイサルがリーンの胸に手を伸ばすと、誰かが扉を叩いた。

「ちっ、もう来たのか」

ファイサルは鼻筋に皺を寄せて扉まで行くと、外にいる誰かと少し話をしてから昨日持って帰ってきた袋を手に戻ってきた。

「開けてみろ」

差し出された袋の中には青緑色の服が入っていた。ファイサルが似合うと言った、リーンが欲しいと思ったあの服だった。

「買ってくれたの？」

「欲しそうだったし、詫びのつもりだった」

昨夜のことではない。その前の晩のことを謝ろうとして買ってあったようだ。

「詫びにはならなくなってしまったが…」

「嬉しい」

「これを着た君を見せてほしいが…、すまない」

行かなければならないのだろう。

「首領が狙っている娘がいるらしいのだ。だが、どこにいる娘なのかまだはっきりしない」

恐ろしい目に遭う前に救ってあげてほしい。

「ウサーマとお父上のことは、俺は俺で独自に調べを進めている。もう少し待て」

「私は大丈夫。人買いの捜索に行って」

ファイサルの気持ちを知ったリーンに不安はなかった。

「君を閉じ込めておくのは無理だとわかっている。ここには食べる物も少ししかないしな」

いつ戻れるかわからないこと。もし何かあったら先日ファイサルが立ち寄った店に行くこと。絶対に『ジンの岩山』へは行かないこと。ほかにもいろいろ言って、ファイサルは慌ただしく出ていった。

特に、人通りの多い場所と時間にならば出てもいいが、あとはおとなしくしているように、としつこいくらい念を押された。

「信用なくなっちゃった」

リーンは起き上がろうとして、断念した。太腿の間にはファイサルがいるようだし、身体があちこち痛くて辛いのだ。

大きなクッションを敷き詰めた寝床は快適だ。

「ファイサルがしてくれたのね」

ひとりになると、ファイサルに好きだと言われたことがじわじわと蘇ってくる。憧れていた人が好きだと告げてくれたのだ。幸せだった。

「うー、どうしよう」

恥ずかしくて、嬉しくて、顔を覆ってジタバタしたくなる。

愛される悦《よろこ》びを知った。身体にはその証《あかし》がたくさん残っていて、いつまでも消えなければいいのにと思う。

人々の話す声、荷車の音。聞こえてくる外の喧騒《けんそう》に耳を傾けながら、リーンは今日までのことを思い返した。

父から剣と体術を習い、自分はどこへ行ってもどんなことがあっても、上手くやり過ごせるという自信があった。だが、危うく盗賊に殺されそうになり、自分はただの怖いもの知らずだったのだと思い知った。

「私は父様や兄様に守られていたのね」

田舎のシャムラン村は狭い世界で、そこでなんでもできると過信していた自分を恥ずかしく思った。

「父様、兄様、無事でいて……」

二人のことは心配だが、今は考えないことにした。ファイサルの言いつけを守り、彼が戻ってくるまではおとなしくしていようと決めた。

翌日、リーンはファイサルが買ってくれた服を着てみた。久しぶりに女物の服に手を通すので、どきどきする。あまり着る物にはこだわらないが、自分の好みに合った服を好きな人から贈られることは、特別なのだ。髪も念入りに梳いた。

「ファイサルに見てほしいな。似合うと言ってくれるかしら」

しばらく戻ってこられないようなので残念だ。

もう身体も辛くないので、リーンは気晴らしに街の中を散策することにした。昨日はファイサルが用意してくれた食事があったが、今日は食べる物がなかったのだ。必要なものを買うようにとファイサルがお金を置いていってくれたから、そこから少し持ち出した。

外に出るのは少し緊張した。イマームの追手がいないとも限らないからだ。

「私がこんな格好しているって知らないもの、きっと気がつかないわ」

兄のお古を着て飛び出したのだ。追手はその格好の娘を探すだろうが、リーンの髪と目はファイサルほどではないにしろ、目立つ。髪を纏めて頭をスカーフですっぽり覆って見えないようにした。これで準備は万全だ。

「ファイサルに何かお返ししたいな」

革細工や剣の店を覗いていてそう思ったが、好むものを何も知らないことに気づいた。

「ファイサルは好きなのかって聞いてくれるけど、私は聞いたことなかった」

リーンは他人から詮索されるのが、特に、ターハのようにしつこく何が好きかと聞かれるのが嫌だった。だから、自分から聞くということをしないのだ。

「ファイサルの好物ってなんだろう。宿屋ではおかみさんのお勧めを頼んでいたし……」

乙女としては自分の手で、好きなものを作ってあげたい。けれど……。

「ヌーフさんの料理に勝てる気がしない。ヌーフさんの焼いたパン、食べたいなぁ」

切ない乙女心よりも食い気が勝ってしまう。そこらで売っているのよりも美味しいのだ。

たいして日も経っていないのに、ガニーの軽口や、タハルの父のような温かな眼差し、生真面目なカラムの苦言が懐かしく感じ、リーンは小さく笑った。

食べ物を買って帰ろうとした時、誰かに見られているように感じた。立ち止まりそうになるのを我慢して歩き続ける。屋台や店を冷やかしながら辺りをさりげなく窺ってみるも、怪しい人間は見つけられなかった。

「気にしすぎかな」

翌日は家を出ないでおこうと考えていたが、我慢しきれず少しだけ外を歩いた。

「することないって辛いんだ」

あの家には何もなくて、一日引き籠っていることが苦痛なのだ。ファイサルもそれをわかっていて、少しなら出かけてもいいと言ったのだろう。

「手仕事の材料でも買おうかな」

ファイサルに服を縫おうかと思う。だが、材料だけでなく、道具まで買わなければならないから断念する。

昨日とは違う通りを歩いて、おいしそうなフレッシュデーツが並ぶ果物屋を見つけた。買ってほくほくしながら帰る道すがら、見られている、と感じた。

「今日のは間違いない」

嫌な感じはしないが、あからさまなのでリーンにもわかった。犯人を見つけようかとも考えたが、おとなしくしていろ、と言うファイサルの声が響いてくる。

「家までつけられそうだけど、ファイサルが手配りしてくれたし」

繁華街の一角に、リーンが寝泊まりしている家はある。日中、そんなところに押し入る人攫いはいないだろうし、夜はファイサルが見張りをつけてくれている。夜中に窓から窺っても、リーンには見張っている人を確認できないけれど、どこかにいるのだろう。

だが、できるだけつけられないに越したことはない。巻いてやろうと思った。

その翌日は、ラクダに会いに行った。リーンのラクダは、以前泊まった宿屋で世話になっているのだ。これもファイサルが手配してくれた。

なんだかんだと理由をつけて出歩くのは退屈なのと、家の中でぼーっとしていると、ファイサルに愛されたことばかりが思い出されてきて、身体がおかしくなるからだ。

「ファイサル、どうしているのかな」

狙われている娘が見つかれば、蜃気楼への糸口がさらに増える。いつ帰ってくるのか、もしも怪我をしたら、父と兄と同じように行方不明になってしまったら…。

通りはいつものように華やいでいて、多くの人々が行き交っているから、ひとりで歩いていると余計に虚《むな》しくなってくる。きれいな服を着ても、見てほしい人にはまだ見てもらっていない。

「見られている気がするだけで、言いに行ってもいいのかな」

何かあったら、香料屋に行けとファイサルに言い置かれたが、姿は確認していない。あやふやなことを伝えに行ってもいいのだろうか。

父や兄やファイサルなら瞬時に判断するのだろう。ぴぴっと察知できない自分にイライラする。

「おや、娘さん、今日はきれいな格好してるね。よく似合うよ」

宿屋を訪ねると、おかみさんからリーンに声をかけてきた。食堂では昼食の仕込みに入ったところで、まださほど忙しくないのだろう。

「ありがとう、おかみさん」

「ラクダに会いに来たんだね」

宿屋の裏手にラクダは繋がれていた。元気そうだ。

「聞いたよ。あんた…、駆け落ちしたんだったね」

駆け落ち？

「大変だねぇ。あの若者が西オアシスから帰ってくるまで待ってなきゃいけないんだろ？」

「は…い」

リーンの困惑をよそに、おかみさんはひどく同情し、寂しかったらいつでもここにおいで、とリーンを励まし、ラクダの世話は任せておきな、と胸を叩いた。

どうもファイサルは駆け落ち設定を作ったようだ。おかみさんの話から察するに、リーンは他国の貴族の娘、ファイサルは西オアシスまで行かなければならないマクドゥの役人という役回りだ。リーンは実家からの追手を避け、ファイサルが戻ってくるまで東オアシスで隠れ潜み、その後南オアシスへ二人で向かう、という、なんとも母のお伽噺に負けず劣らずのあらすじだった。

「なんだか恋人同士みたい」

宿屋を後にして帰る間、自分とファイサルは恋人同士なのかと考える。互いを好きだと言ったのだから、それは恋人なのではないか。

「だけど、恋人って、どうやってなるの？　今日から恋人ですとか話すのかしら。自分は恋人だと思っていても、相手はまったく思っていなかったら…」

そんなことを考えながら歩いていると、向かいの通りの路地から少年がぴょこっと顔を出した。通りを行く人を確認するように見ている。

「あ、あの子！」

『ジンの岩山』で会った少年だった。少年もリーンに気づいたようだ。リーンを見て白い歯を見せる。

「知っていることを話しに来てくれたのかも。もしかして、あの子がつけてたの？」

リーンが道を渡って少年の元に行こうとした時、なんと、少年の背後に怪しい黒ずくめの男たちが迫っていた。

「危ない！」

叫んだが間に合わなかった。少年は男に首を打たれて気を失い、袋が被せられようとしていた。駆け寄ろうとしたが、ちょうど走ってきた荷馬車に行く手を阻まれる。やり過ごすと、袋に入れられた少年が路地の奥に連れ去られるところだった。手際がよすぎる。少年を狙っていたのだろうか。

「待てっ！」

リーンが道を渡ると、しんがりの黒ずくめの男が振り返って言った。

「返してほしかったら、お前がひとりで『ジンの岩山』まで来い。急ぐことだ。子供の首が繋がっているうちに」

リーンは男たちを追いかけようとして腰に手を置き、くっと歯噛みした。剣を持っていなかったのだ。

『ジンの岩山』に出向くと、点在する大岩から黒ずくめの男たちがばらばらと出てきた。背後から、ラクダが走る足音も聞こえてくる。

東オアシスからも、怪しげな男たちがつかず離れずついてきていたのはわかっていた。途中でリーンの気が変わって逃げないように、後をつけてきたのだろう。

思っていた以上に敵の数が多いわ。

手綱を握るリーンの手が緊張で汗ばんだ。

少年が連れ去られた時、目的は自分なのだと知った。

『ジンの岩山』に来る間、ずっと考えていた。なぜ自分が狙われるのか、を。

父と兄に関係することなのかもしれないし、懸念していたイマームの追手がやってきたのかもしれない。イマームは狡猾《こうかつ》だ。人質を取って誘《おび》き出すことぐらいしかねない。だが、確信はなかった。

私がここにいることを知ったら、後先考えずに行動するな、とファイサルは怒るだろうな。

今頃ファイサルは、人買いの討伐の真っただ中だ。置き手紙をしてきたけれど、いつ戻ってくるのかわからない。ファイサルが言っていた香料の店に駆け込むことも考えたが、行ってすぐに手勢を貸してくれるのかどうかもわからないし、行くなと止められるだろう。

だが、黒ずくめの男は急ぐことだと言ったのだ。のんびりしていたら少年が首を斬られてしまう。

リーンは宿屋に戻ってラクダを返してもらうと、ファイサルに愛された家に戻って青緑色の服を脱ぎ捨てた。兄の服に着替え、腰に剣を差す。

ひとりで行って、少年を助けられるのか。来なければ殺すと言われたが、行っても殺される可能性はある。

戻れないかもしれない、とリーンは思った。ファイサルの声を再び聞くことも…。

私がいなくなったら、父様も兄様も悲しむよね。

だが、自分のせいで連れていかれてしまった少年を見捨てることはできない。

あの子だけは、なんとしても助けなきゃ。

正義感の強いリーンには、行かないという選択肢はなかったのだ。

少年は縛られて、ラクダに乗せられていた。少年の後ろにいる男をなんとかできれば、逃げられる確率は高くなる。

手綱を持たなくてもラクダに乗れるかな。

細く華奢な身体は身軽そうだ。遊牧民のようなので、上手く乗りこなすだろう。

やれるだけやるしかないわ。

「その子を解放しなさい」

リーンが言い放つと、黒ずくめの集団からひとりの男が前に出てきた。グトゥラで顔を覆っているので目元しか見えないが、立ち姿とぎらつく目で誰かわかった。

間違いない、イマームだわ。諦めてなかったのね。

気になったのはその服装だ。

イマームのあの姿、どこかで見たような…。

ずっと引っかかっていたイマームの目。記憶に残る黒ずくめの姿。二つが合わさって、リーンは思い出した。

あの時の男だ！

それは、兄と二人で旅をしていた時に立ち寄った町で見かけた男だった。ぎらつく目だけが、黒ずくめのグトゥラから覗いていた。リーンの方をじっと見ているので、変な人だなぁと思って兄の陰に隠れるようにして避けたのだ。

「あなた、イマームね」

男は顔を覆っていたグトゥラをあっさり外した。

「リーン、よくわかったな」

にたりと笑うイマームの顔を見ただけで、リーンは及び腰になった。なにしろ生理的に受けつけないのだ。負けじと腹に力を入れる。

自分を餌に上手く交渉できればと思っていたが、相手がずるがしこいイマームでは分が悪いと思った。

「来たくて来たんじゃないわ。その子を放してちょうだい」

イマームは高笑いした。

「私が、はいわかりました、と言うとでも思ったのか？」

「でも返してもらうわ」

リーンは剣を抜いた。手下の男たちから嘲笑が上がる。女ひとりで何ができると思っているのだ。

「君が剣を使うとは、本当に驚いたよ。ニダールはろくでもない男だな。その格好もひどいものだ。グトゥラを被るなんて、君にそんな格好は似合わない」

「とんでもないじゃやじゃや馬で当てが外れたでしょ」

でも、そこがいいんだ、と言ってくれる人がいる。

「それに、あなたはお気に召さないみたいだけど、私はこの格好が気に入ってるの。さあ、約束どおり来たわ。その子を放して！」

リーンは剣をイマームに突きつけたが、イマームはまったく動じなかった。

「私はそんな約束はしていない。それに、あれは商品だ。返せんな」

「商品ですって！　人を商品だなんて…、あなた、まさか人買い？」

イマームが左の口角を上げた。人買いだということを肯定したのだ。

「これから他国で暮らすのでね。少しでも稼いでおかないと。金はあるに越したことはない」

シャムラン村に人買いがいたなんて。息子の嫁にだなんて言って、私を捕まえて売り飛ばす算段だったのね。なんて非道な。その上に他国で暮らすって…それって、まるでカラムさんが言っていた人買いの…。

「…蜃気楼」

リーンが呟くと、イマームは、ほう、と驚いた顔をした。

「蜃気楼の頭目なの？」

「君がその名を知っているとはね。ニダールから聞いたのかな。ああ、彼も不運だったね。殺されてしまうとは」

イマームは嫌な含み笑いをした。

「父様と兄様は生きているわ！」

「死骸がないから生きているとでも言いたいのか。ハゲワシにでも食われたとは思わないのかね」

「そんなことで私が納得するとでも思ったら、大間違いよ」

二人が行方不明になったのは、イマームが仕組んだからではないか。

「父と兄を襲ったのね」

「ニダールとウサーマをこの手で八つ裂きにできなかったのは残念だよ。手と足の指を一本ずつ潰して、両目を抉り、耳と鼻を削《そ》ぎ、皮膚を少しずつ剝いだら、手と足の指を切り落とす。それができたらどんなに楽しかったか」

酔いしれたように語る内容に、リーンは吐き気がした。父と兄がそんな目に遭っていると思うと、絶望の帳《とばり》が下りてくる。

いいえ！

ぐらつく気持ちに活を入れ、リーンは帳を振り払った。

恨みがあるのなら、遺体を隠したりせずその辺に転がしておくはずだ。そして、ハゲワシに突かれ、朽ち果てていく父と兄の姿をイマームは笑って見ているだろうし、リーンにも見せるはずだ。

そうしないのは、やりたくてもできないのよ。

父と兄は生きていて、イマームの手中にないのだ。がぜん希望が湧いてくる。

「あの二人では売り物にならない。なんの価値もない」

憎々しげに吐き捨てる。イマームは父と兄を恨んでいるようだが、その原因がわからない。イマームと二人の間に何があったのか、リーンには思いつかないのだ。

人を商品として売り買いし、傷つけることに喜びを得ているイマームは蜃気楼の頭目に違いない。

だったら、ファイサルたちが探しに来る。

ファイサルたちが来れば、この場は混乱するだろう。そのどさくさに紛れて、少年を救い出せるはずだ。

だが、今この場に来てくれるとは限らないし、ファイサルたちはイマームを頭目だとわかっているのだろうか。情報を掴んだとファイサルは言っていたけれど、それは正しい情報だったのだろうか。まったく違う人物と場所を捜索していることもありうるのだ。

ええいっ、ここでそんなことに悩んでても始まらないでしょ！　まずは生き残ること。売り物にするつもりだろうから、殺しはしないわ。顔に傷がつくほどひどく痛めつけられることもないはず。

「私を捕まえて売るつもりでしょうけど、高値がつくかしらね」

「売るだって？　売るわけがないだろう。邪魔な二人がいなくなって、ようやく私の手に戻ってくるというのに」

イマームは興奮のあまり、両手をぶるぶる震わせている。

異様な様相だった。周りを取り囲んでいるイマームの手下たちよりも、イマームが恐ろしい。

「戻ってくるって、どういう意味？」

イマームは血走った目をリーンにひたと向ける。灰色の目は鈍く光っていた。

なんて邪悪な、灰色の…目…。


娘は異国の人買いから砂漠の人買いへと売られた。砂漠の王に献上されるのだ。

だが、砂漠の人買いは異国の人買いと違って、娘を鎖で繋ぐことはしなかった。それどころか、娘を美しいと褒めて着飾らせ、自分の妻にすると言ったのだ。

砂漠の人買いは、若い娘なら一目で恋に落ちてしまいそうなほどに端整な眉目だった。けれど、娘は砂漠の人買いが恐ろしかった。鈍く光る灰色の目に邪悪を見て取ったからだ。優しくされると、大蛇に巻きつかれているような恐怖が募った。


母の語る物語に出てくる砂漠の人買いと同じだった。

母はイマームから逃げたのだ。

「ああ、初めて見た時となんら変わらない美しい顔。君はとうとう私のものになるのだ」

イマームは両腕を広げ、歌うように言った。

「私を母様の代わりにするつもりなんでしょうけど、バカげているわ」

「母様だと？　代わりだと。何を言っている」

イマームは心底意味がわからないという顔をする。

「国中を何年も探し回った。砂漠で儚《はかな》く消えてしまったのかと諦めかけた時だ。君を見つけたのは。名を変えたとしても私にはわかる。まさか、あんな辺鄙《へんぴ》な村で質素な暮らしをしているとは思わなかったよ」

それからイマームは、リーンを自分のものにするため、いかなる策を弄してきたかをとうとうと語った。

話はこうだ。


シャムラン村に居を構えたイマームは、裏では人を売り買いして金を儲け、表では善良な商人として村人の信頼を得るよう努めた。村に溶け込んだ頃合いを見計らい、リーンを自分の妻に欲しいとニダールに頼んだ。だがニダールには、娘には自分の望む相手と結婚してほしい、と断られたのだ。

リーンはおとなしい娘で、あっさり落ちると思ったが、話しかけようとしても恥ずかしがって逃げてしまう。ターハに贈り物を届けさせても受け取らない。

結婚を断ったニダール。ニダールの息子ウサーマは、兄のくせにまるでリーンの恋人のように振る舞っている。二人への憎悪が膨れ上がり、二人を屠《ほふ》ることにしたのだ。


明かされた事実に、リーンは凍りついた。

そら恐ろしい執着だ。

「あなた、気が狂ってる」

「そうかもしれない。君に狂っているのだ」

母様への執着でおかしくなってしまったんだわ。だから、私を母様だと思って…。

シャムラン村はイマームが言ったように辺鄙な場所にある。豊かではないし、暮らしにくい土地だ。イマームはそんなところに母がいるとは思わなかったのだろう。多分、南や東のオアシスを探した。もしかしたら他国も。だから、見つけられなかったのだ。

二十年間、蜃気楼が消えていたのは、その間イマームが母を探して国中を巡っていたからだ。たまさかリーンを見つけ、手に入れる算段をし、これからリーンを連れて他国へ逃れようとしているのだ。

「さあ、おいで」

イマームが手を伸ばしてくる。

連れていかれたらお終いだ。二度とマクドゥには戻ってこられない。

なんとかあの子のところまで行かなきゃ。

「一緒に行くくらいなら、死んだ方がマシよ」

リーンはイマームに向かって剣を振った。だが、イマームの手下がリーンの剣を弾いて打ち込んでくる。リーンは両手で握った剣で手下をひとり倒し、さらに次に来た手下と打ち合った。

「傷をつけるな！　一筋でも傷つけたら、首をはねてやる」

イマームは手下を恫喝《どうかつ》した。それはリーンに有利に働いた。手下たちは自分の首がかかっているので、思いっきり剣を使えなくなったのだ。

リーンは右に左に剣を振るって戦ったが、手下の数は多くて少年のところまでたどり着けない。

「これの命がなくなってもいいのか？」

少年の背後にいる男が叫んだ。少年の首に彎刀を当てている。少年は大きく目を見開いてリーンを見ていた。リーンは歯嚙みした。

「卑怯《ひきょう》よイマーム、正々堂々と戦うこともできないの？」

言っても無駄だとわかっているけれど、叫ばずにはいられなかった。

イマームにとって少年はただの商品で、殺そうが生かそうが気分次第だ。

「さあ、どうする、リーン」

ここまでだわ。

リーンは最終手段に出た。剣の刃を自分の首に当てたのだ。

「なっ、何をしている」

「その子を放して」

「わかった。君がその剣を手放せば、あの子は解放しよう」

私のことバカだと思ってるのかしら。剣を下ろしただけで、一斉に飛びかかられるに決まっているじゃない。

「そんな話に乗ると思ってるの？」

ぐぬぬ、とイマームは唸った。

リーンはイマームが少年を解放すると思った。少年が殺されたらリーンは死ぬつもりだとわかるからだ。あれだけ母に執着しているのだ。自分を手に入れるためにイマームができるのは、少年を解放することだけなのだ。

あの子が助かったら、私の命はここでお終いね。

少年が捕まらない距離まで逃げたら、リーンは死ぬつもりでいた。

解放しても、しなくても、私を手に入れることはできない。

痛いのかな、痛いよね、きっと。母様は迎えに来てくれるのかな……。

命を絶つことは恐ろしいけれど、それ以上に恐ろしいことがある。

イマームの慰み者になるくらいなら死んだ方がマシだ。死んだ後、自分の亡骸がどうなるのかが不安だけれど、そんな後のことまで考えてもどうしようもない。父と兄のことはファイサルがなんとかしてくれるだろう。

死ぬのは怖い。死にたくはない。もっとファイサルに愛されたかったし、愛していると伝えたかった。

けれど、愛されたことで強くなった。

膠着《こうちゃく》状態に陥った『ジンの岩山』では、誰もがリーンの一挙手一投足を窺っていた。痛いほどの視線を感じる。

剣を握った両手に意識を集中させながらも空を見て、もう一度見たかったなぁ、とファイサルの青い瞳に思いをはせる。

少年は泣きそうな顔をしていた。大丈夫だよ、というつもりで少年に微笑むと、地鳴りのような音が聞こえた気がした。

どこ？　南から？

リーンは南の大地に目をやった。丘陵の向こうがうっすら霞んでいる。リーンのほかにはまだ誰も気づいていないようだ。

あれはいったい何？　砂嵐？

だが、砂嵐はこんな地響きはしない。ビョォーと神経を逆撫でするような甲高い音を鳴らし、いきなりやってきて、辺り一面、空をも砂の色に塗り替えるのだ。だから砂嵐ではない。空は青いままだ。

「なんの音だ」

手下のひとりが言った。ほかの者も地鳴りに気づいたようだ。イマームが辺りを見回した。

どこから聞こえてくるのかと、皆も辺りを見回し始める。

「あれはなんだ！」

南の霞《かすみ》ははっきりとした砂煙の帯に変わっていた。大地の砂を巻き上げ、怒濤《どとう》の如く『ジンの岩山』に迫ってくる。まるで、砂漠に散っていた下僕たちが、魔物の檄《げき》に応じて、我先にとこの場に向かってくるようだ。

「なんだ」

「わからん」

丘陵の向こうでいったい何が起こっているのか。

人買いの一味は浮足立っていた。地鳴りの音は『ジンの岩山』や大岩にぶつかって跳ね返るのか、あちこちから響いてきて、ここにいる者たちを押し潰すかのように強くなっている。

リーンはひとり、騒然とした中で神経を研ぎ澄ませていた。手下たちが動揺している今が、少年を助ける絶好の機会だ。なのに、イマームだけは血走った目をリーンから離さない。イマームも、リーンの気が逸れるのを待っているのだ。

イマームの足が右に少し動いた。合わせてリーンも動く。それによって、イマームの背後の東オアシスからも、砂煙が向かってくることに気づいた。

あれは…。

槍《やり》の穂先のような形になって、東オアシスからものすごい勢いで『ジンの岩山』に迫ってくるのは、ラクダ騎兵だ。

その槍の穂先の中央、先頭のラクダを御するのは、紺青のグトゥラだった。

リーンは口を引き結んだ。ファイサルの名を大声で叫びそうになったのだ。

ファイサルが来る。ファイサルが助けに来てくれる。

リーンが東オアシスの砂煙を見つけた時、手下たちは南ばかり見ていた。

「砂嵐が来るのか？」

「いや、違う。あ、あれは…」

南の丘陵の上に影が現れた。

「ラクダ騎兵だ！」

その数は百騎以上で、雄叫《おたけ》びを上げて一斉に丘陵を下ってくる。

「おいっ、見ろっ、東オアシスからも来た！」

「討伐隊だ！」

「逃げろっ！」

手下が叫んだ。向かってくるのが討伐隊だとわかって、イマームにも動揺が走る。

リーンはその時を見逃さなかった。もうすぐファイサルが来るけれど待っていられない。

今救い出さなければ、少年は殺されるか、イマームたちが逃げるための人質にされてしまう。

手下たちのほとんどは戦おうとしなかった。『ジンの岩山』の後方からもラクダ騎兵が現れたので、敵の数のあまりの多さに戦意を喪失してしまったのだろう。我先にとラクダの手綱を引いたり、走って逃げようとしたりして右往左往している。

　少年の縄尻を摑んでいる男が、少年を連れたままラクダで逃げようとしていた。混乱する手下たちの合間を縫ってリーンは走り、男の腹に剣を突き立てた。ぐわっと叫んで男がラクダから落ちる。

　初めて人を剣で刺した嫌な感触に、剣を持つ両手が震える。けれど、恐怖をかなぐり捨てて少年の縄を切った。少年が何か言いかけたが、リーンはラクダの尻を力任せに叩いた。縄尻を摑んでいた男が憤怒の形相で立ち上がり、剣を抜いて襲いかかってきたからだ。

　ここで自分が人質になったら元も子もない。リーンは男に対峙《たいじ》した。腹を刺されているのに男はバカ力で、何合か打ち合って剣を弾き飛ばされてしまった。

しまった。

リーンは身構えた。男はにやりと笑って一歩足を踏み出したが、途端に昏倒《こんとう》する。動いて血を流しすぎたのだ。

　ほっと息をつくと、グトゥラが摑まれた。左肩越しに振り返ると、すぐそこに血相を変えたイマームが迫っていた。

　リーンのグトゥラを摑んだイマームの見開かれた目は、歓喜に満ちていた。

ぞっとした。

あまりの不気味さに身体が硬直する。逃げなければ、と思うのに、足が動かない。グトゥラを引っ張られ、明るいシドルハニー色の髪が解けて広がる。

捕まる！

と思った瞬間、リーンの身体はふわりと宙に浮いていた。

「こんのぉ、じゃじゃ馬がっ！」

怒鳴り声が頭上から降ってくる。

「ファイサル？」

ひょい、とラクダの上に乗せられたリーンは、青い瞳を見た途端に力が抜けてしまった。ラクダで走り込んできたファイサルが、間一髪、リーンの身体をすくい上げていたのだ。

リーンはファイサルの胸に顔を埋め、思いっきり息を吸った。

「う……汗臭い」

服は汗でじっとり濡れているし、いつものいい匂いがしないのだ。

「おい、ほかに言うことはないのか！」

「ごめんなさい」

「それだけか！」

激怒しているファイサルがいる。

緊張から解き放たれ、再びこの腕に抱かれることができた喜びにリーンが泣き笑いの顔を見せると、激怒した顔から一転、ファイサルは眉尻を下げた泣きそうな顔でリーンの額に唇を寄せた。

「まったく…、置き手紙を見た時は、寿命が縮んだぞ」

「ごめん。ごめんなさい」

助けに来てくれてありがとう、とファイサルにしがみつくと、無事でよかった、とファイサルも強く抱き締めてくれる。

二人がそうしている間に、東オアシスと南からやってきた討伐部隊が、蜃気楼の一団をことごとく捕まえていた。

「お前はなんだ！　私のものに触るな！　触るなーっ、その娘は私のだ！」

イマームが大声で喚き散らした。

「私はファイサルのものよ。あなたのものじゃない！」

リーンが声を上げると、イマームがファイサルだと、と唸った。

「ファイサル、王子ファイサル！　忌々しい。あいつは、いつもいつもいつも、私の邪魔をする。あいつもハゲワシに食わせてやる」

タハルに砂の上に引き倒されてもなお、イマームはリーンのグトゥラを握り締めて、喚くのをやめない。

「なんだあれは」

ファイサルが蔑んだ目でイマームを見下ろした。

「多分、蜃気楼の首領」

「こいつがか」

「そうみたい」

「リーンを狙っていたのはこいつか」

今にもラクダから飛び降りようとするファイサルを、リーンは引き留めた。

「なぜ引き留める。君を自分のものだと豪語する男を、俺は見過ごすことはできない」

「私を狙っていたけど、私ではないの」

「どういうことだ」

「狙われた理由を話すとやたらと長いから、落ち着いたら聞いて」

ファイサルは怒りを鎮めるように息を吐くと、わかった、と言った。

「調書も取らなければならないからな。片がついたら話そう」

王子ファイサルへの呪いの言葉を吐きながら、イマームは足掻き続けていた。タハルがイマームを必死に押さえ込んでいるが、そのタハルを引きずりながら、砂を掴んで這ってくるのだ。

その妄執が恐ろしくて、リーンはファイサルにしがみついた。

「王子ファイサルを憎んでいるみたい」

「これまでの悪行をすべて明らかにしなければならないから、生かして捕らえろと言われているが、やはりここは、後腐れなくこの場で首をはねるか」

ファイサルがなんでもないことのように言った。

イマームがいなくなってくれたら、二度と怖い思いをしなくて済む。けれど、行方不明になっている人たちの捜索に、あの男は必要だ。

「私は大丈夫。だって、ファイサルが守ってくれるでしょ？」

当然だ、とファイサルが破顔する。

「なにしろ俺の婚約者、いや…」

そこまで言って、ファイサルはイマームを見下ろし、なぜか、おい、と声をかけた。憎々しげな目が必死に見上げてくる。

「リーンは俺の妻だ」

ファイサルはそう宣言すると、イマームに見せつけるようにリーンに口づけた。

「んんん…」

周りでイマームの手下たちに縄を打っていた討伐隊の面々がどよめいた。やめろと喚き立てるイマームの声も聞こえてくる。

皆見てるのにぃーっ！

ファイサルは散々唇を貪《むさぼ》った挙句、ちゅぽっと音をたてて離れた。

衆人環視の中で口づけられたリーンは、顔から火が噴いたようになった。

「ファイサル！」

「構うものか。あいつに剣を突き立てないだけマシだろう」

「若、自分は抜けたからって、討伐隊にも国王軍にも惨めなひとりもんが多いんだからさ、もうちっと気を遣ってくれると嬉しいんだけどぉ」

ガニーが飄々とした様子で寄ってきた。恥ずかしくてまともにガニーの顔が見られない。

「う…、あ、ガニーさんにも心配かけました」

「いやぁ、無事でよかったよ。嬢ちゃんが三下り半置いていなくなっちまって、もう若がさあ、魔物になっちまったんじゃないかってくらい怖くてさ」

「三下り半？」

「あ、間違えた。置き手紙。で、結局、討伐隊だけじゃ足りないって、鳩《はと》飛ばして国王軍まで引っ張り出しちゃったし」

南から来たのは、演習で東オアシス近くまで来ていた国王軍の一部だったようだ。

「おかげで楽できたけど…って、なんなの、あれ」

タハルと、助っ人に来たカラムの二人がかりで、リーンのグトゥラを握り締め、気が狂ったように喚くイマームが引きずられていく。

「あれが？　首領？　マジで？　二年も追ってたのって、あれなの？」

ったのだ。

ガニーは露骨に嫌そうな顔をした。ガニーの気持ちはよくわかる。想像していた首領と違

「はっ、そうだ。ファイサル、あの子は？　あの少年は？」

リーンはきょろきょろと辺りを見回して少年の姿を探した。

「ああ、あそこだ」

ファイサルが示す方を見ると、ヌーフがつき添って一緒にやってくるところだった。リーンはラクダから降りた。

「ヌーフさん！」

「おーっ、嬢ちゃん。無事だったか。よかった」

「はい。ご迷惑をおかけしてしまって」

「なんのなんの。可愛い顔を見られたら十分。この子が嬢ちゃんに話があるってさ」

少年は深々と頭を下げた。

「助けてくださって、ありがとうございました」

「よかった。無事だったのね。お礼なんていいの。私のせいであんなことになってしまったんだもん。本当にごめんなさい」

「そんな…、ご自分の命を盾にしてまで救おうとしてくださったのですから」

盾にしてまで、のところをファイサルが聞き咎《とが》めたが、リーンは大袈裟《おおげさ》に言ってくれてい

るのだとごまかした。これ以上叱られたくない。

「あなた、もしかして女の子？」

「はい。私はアスアドの孫ルゥルアと申します」

「ごめんね。てっきり男の子だとばかり」

ルゥルアは、いいえ、とはにかんだ笑みを浮かべた。

「ファイサル、女の子だったんだよ」

「ああ、そうかな、とは思ってた。触ったわけではないぞ。不可抗力だ」

と言いながらも、すまなかった、とルゥルアに謝っている。

私の時よりも丁寧だ。納得できない。

「あのっ、シャムラン村のリーンさんですよね」

「ええ。以前どこかで会った？　私、名乗ってないよね」

「明るいシドルハニーの髪に紫の目で、剣を使うじゃじ…」

ルゥルアが途中でぱっと口を押さえた。

「じゃじゃ馬って言おうとしたよね。誰から聞いたの？」

「ウサーマさんです」

リーンはファイサルと顔を見合わせ、

「兄様は生きているの？」

「ウサーマは生きているのか？」

と、二人は声を揃えた。

「はい。怪我はまだ癒えていませんが、お元気です。ニダールさんは重篤でしたが、少しずつ回復しています」

「…生きてた」

リーンは砂の上にへたっと座り込むと、ぽろぽろ涙を流した。

「だから言っただろう。あの二人が簡単にやられるわけがないって」

ファイサルがしゃがんでリーンを抱き締めてくれる。

「うん、うん」

無事でいると自分に言い聞かせてきたけれど、心の片隅には、もしや、という思いもあったのだ。

「ありがとう、ルゥルア。父と兄を助けてくれて」

「ルゥルア、今回の事件で君からも調書を取らなければならないが、まず、ニダールとウサーマの無事を確かめたい」

「はい。テントにご案内します」

テントは『ジンの岩山』の北側から、東オアシスの北側に移動したとのことで、ラクダを走らせる間、ルゥルアはこれまでのことを話してくれた。

ルゥルアは薬師の祖父アスアドと東オアシスから帰る途中、『ジンの岩山』辺りから争う声を聞いた。ニダールとウサーマが倒れているのを見つけ、簡単な手当てをして自分たちのテントまで運んだのだ。

ルゥルアが山羊を追いつつうろうろしていたのは、血痕や二人を運んだ跡が残っていないか確認するためだった。それは、ウサーマが自分たちはよからぬ企てに巻き込まれているかもしれず、迷惑がかかるからと瀕死のニダールを連れて出ていこうとしたからだった。

アスアドとルゥルアは重篤なニダールの様子を見ながらテントを移動しては、追手が来てもすぐに見つからないようにしていたらしい。

『ジンの岩山』で会った時はリーンがウサーマの家族ではないかと思ったが、確証がないので話さなかったのだ。帰ってウサーマに確認すると間違いなく妹だと言うので、無事を伝えようと『ジンの岩山』に戻ったが、すでにリーンはいなかった。東オアシスにいるのではないか、と探していたところを、イマームの手下にリーンと関係ある人間だと知られ、囮《おとり》にされたのだ。

「ごめんね。私のせいで」

「私が東オアシスでリーンさんのこと聞き歩いたから……」

「私の見た目って変わってるからね」

「そんなっ、とってもきれいです。それに、強くてかっこよくって……」

ルゥルアは頬を染めて憧れに満ちた瞳を向けてくる。

「私、強い？　かっこいい？　えへっ、えへへへっ…」

照れて笑うリーンの隣で、ファイサルが眉根を寄せて呟いた。

「喜ぶのはそっちか…」


薬師アスアドのテントに行くと、リーンたちを出迎えたのはなんと、兄だった。あんなに心配して、大変な思いをしながら探したのに、どこに怪我をしたのかわからないほど元気そうだ。

「リーン。なんだぁ、それ俺の服じゃないか」

「もうっ、私がどんなに心配したか、わかってんの？　なんでそんなに元気なのよ」

泣きながら腹立ち紛れに腹に拳を叩き込むと、うっ、と兄は顔を歪めた。

「えっ、ちょっ…」

「俺、刺されたんだけど。怪我人なんだけど。もう少し優しくして」

脇腹を斬られ、何針も縫ったらしい。

「ごめん…」

しょぼくれると、兄はリーンの頭をがしがしと乱暴に撫で、

「リーンを見つけてきてくれたんだな」

と、もう一方でルゥルアの頭をそっと撫でた。自分とルゥルアへの対応があまりに違うけれど、兄が生きていたのだと思うと髪が乱れるのも嬉しい。

「父様は？　父様は大丈夫なの？」

「アスアドとルゥルアのおかげでだいぶよくなったんだが、まだしばらくは動けないだろうな。今は薬で寝てる」

父はかなり深手を負ったようだ。

「心配をかけたな。まさか、あの二人に襲われるとは思いもしなかったから」

「犯人を知ってるの？」

兄から出た名前に、リーンは驚愕《きょうがく》した。襲ったのはクタイバとディヤーブだったからだ。

『ジンの岩山』に近づくにつれ、クタイバとディヤーブの緊張が高まっているのに、父と兄は気づいていた。それは魔物が怖いからだと思っていた。だが実際は、これから人を刺すという高揚だったのだ。

緊張を漲《みなぎ》らせた二人が背後にいても、前に出るのが怖いのだろうと、父と兄は気にも留めなかった。二人を信用していたのだ。

「どうしてあの二人が！　なんで！」

「何か理由があるんだろうが、本人たちに聞かなきゃわからん」

父は刺された場所が悪く、かなり危険だったようだ。通りかかったのが薬師だったのは運がよかったとしか言いようがない。

「お前に連絡したくても、どう繋ぎを取ればいいのか手立てがなくてな。ところで、どうしてリーンとファイサルが一緒にいるんだ？」

どう話していいのかリーンは困った。すべてを語るには、あまりにたくさんのことがありすぎた。

「いろいろあったのよ」

「いろいろってなんだよ」

イマームのこともいずれ話さなければならないが、今日の出来事は、父と兄の身体が回復するまで話さないことにしている。ファイサルがそう決めた。ここに来る道すがらルゥルアにも口止めし、ルゥルアの祖父にはファイサルが直接説明すると言った。

テントの中から好々爺《こうこうや》が現れた。父と兄を助けてくれたアスアドだ。

「こんなところで立ち話とは。さあ、中へ入りなされ」

「アスアドさん、父と兄を助けてくださって、ありがとうございました」

「なんの。命が繋がったのは二人の力で、わしはそれを手伝っただけだ」

にっこり笑っていたアスアドだったが、ファイサルを見ると息を飲み、おもむろに両膝を砂について両手を重ねて胸に当てた。

「お久しゅうございます、王子ファイサル。何年ぶりでしょうか」

王子？　王子ファイサル？

リーンは自分の耳を疑った。

ファイサルが……おーじ？

ファイサルはちらりとリーンに視線を送ってから、アスアドに向かって苦虫を噛み潰したような顔をし、やはりアスアドか、と呟いた。

「十二年ぶりだ」

ぶっきらぼうに答える。

ファイサルはマクドゥの王子なの？

「リーンさん、どうしましょう。私はあのかたに無礼を働かなかったでしょうか。罰を受けるでしょうか…」

ルゥルアが不安そうに聞いてくるが、リーンはそれどころではなかった。

「ルゥルアは…、罰せられないと思うよ。うん、大丈夫だよ」

適当に答えを返したリーンは、ルゥルアが罰を受けるのなら、自分はいったいどうなるのだろうと思った。

これまでファイサルにしてきた暴挙は数えきれない。

私は縛り首や打ち首だわ。

それも、一度や二度では済まない。首がいくつあっても足りないくらい、多くの罰を受けなければならないだろう。

一番の罪は…。

ファイサルを愛してしまったこと。

王子ファイサルか、と詰め寄った時を思い出すと、なんとなくガニーたちの態度はおかしかった。

ガニーさんたちはしらばっくれてたのね。

ファイサルは愛してくれた。好きだと言ってくれた。ほんの少し前まで、ファイサルの腕の中で幸せに浸っていたのに、想像もしなかった現実を突きつけられ、リーンの幸せはあっけなく弾けてしまった。

世界のどこかで、王子と村の娘が結ばれることがあったっていい。

けれど、ファイサルの隣に立つ妻は自分以外の誰かで、リーンはその後ろにかしずく愛《あい》妾《しょう》のひとりにしかなれない。王族はそれほど遠い存在なのだ。

もっと早くに知っていたら好きにならなかったのか、と考える。

無理ね。だって、最初から好きだったんだもの。

『青の人』への憧れの蕾《つぼみ》は、青い瞳《め》に愛でられて大輪の花となった。こんなに立派な恋の花を咲かせられるなんて、自分でも想像しなかった。夢物語ばかり追いかけて、本当の恋を知らなかったから……。

恋を諦めるのならば、その花を自分で摘み取らねばならないが、やっと咲いた大切な花を摘むことなんて、リーンにはできそうになかった。

ファイサルが愛しくて、切なくて、苦しくて、時々怒り、大声で泣いて、リーンの感情を糧に咲かせた花なのだ。摘み取ってしまったら、自分の心に二度と花は咲かないだろう。

「俺に礼を取る必要はない。王宮薬師アスアド」

「王子ファイサル、私はただの薬師でございますれば」

ファイサルがアスアドの前にしゃがんだ。

「俺もただのファイサルだ。立たねばずっとこのままでいるぞ」

ひとしきり二人はそうしていたが、先に引いたのはアスアドだった。困ったおかただ、と立ち上がる。

ファイサルはリーンに何か言いたげだったが、リーンは顔を背けた。言い訳など聞きたくなかったし、頭の中が混乱していた。

「さあ、どうぞお入りください。リーンさんあなたから」

アスアドに促されたリーンはテントの中に入った。自分のことは後回しだ。父の方が大事なのだから。

「父様！」

奥に横たわっている父の元に、リーンは駆け寄った。

「リーン、心配かけたな」

父の顔色はよくない。リーンの知る父より一回り小さくなった気がする。だが、声は出ているし、青い瞳にも力がある。危なかったのだろうが、アスアドたちのおかげでここまで回復したのだ。時間はかかっても元の父に戻れるのだとわかって、リーンは泣き笑いの顔になった。

「だから、私も行くって言ったのに」

「そうだな。父様の目が曇っていたか…」

父の青い瞳が陰りを帯びた。親しい村人に刺されるとは思わなかったのだろう。

「早くよくなって、また私に剣の稽古をつけて」

「ああ。リーンが嫁ぐまでは、元気でいなければな」

それを聞いて兄は笑った。

「そんな約束はしない方がいいんじゃないか。いや、待てよ。考えようによってはそれもありか。父様はずっと元気でいるってことだからな」

「ちょっと、兄様、それどういう意味よ」

リーンは唇を尖らせる。

「じゃじゃ馬を貰ってくれる奇特な男はいないってことだ」

「いいもん。私はずーっと父様の傍にいるんだから」

二人ともおやめ、と父が仲裁に入った。

「リーンがずっといてくれるのは嬉しいが、私が元気になったら、きちんとした嫁ぎ先を探してあげるから」

「それは困ります」

テントの入り口にいたファイサルがつかつかとやってきて、父の前に立った。

「ニダール殿、リーンはもう俺の妻にしました」

リーンは真っ赤になった。父は目を瞬《しばたた》かせている。

「王子ファイサル、妻にした、とはどういう意味でしょうか」

「言いかたが悪かったか…。リーンはすでに俺の妻となりました」

「ちょっ、ファイ…、あ、王子、何言ってるのよ！　…ですか」

「その取ってつけたような、ですか、はなんだ」

「う、あ、だっ…て…」

しどろもどろになったリーンに、ファイサルはしらけ顔だ。

「俺は王子ではないと、アスアドに言ったのを聞いていただろうに」

だからって、はいそうですね、とは言えないじゃない。だいたい、俺の妻にしました、なんて、娘の父親の前で言うか！

二人はそういう関係を持ちましたと、暴露したようなものではないか。

「父様、これは、その、王子の冗談だから…」

「リーンは黙っていなさい。冗談ならなおさら悪い」

父がすうっと目を細めた。自分がさらに悪い状況を作り出してしまったのだとリーンは悟った。

「王子ファイサル、事と次第によっては私も覚悟を決めなければなりません」

父は身体を起こすのも辛いだろうに、ファイサルの返事如何《いかん》では、王族相手に剣を握るつもりなのだ。この非常事態に兄はというと、腕を組んで二人の様子を眺めていた。

もうっ、兄様の役立たず！

「もう一度お聞きしますが、妻にした、とは、王族としてのお言葉でしょうか」

愛妾にしたのかと父は聞いているのだ。

「違います。ひとりの男として、生涯ただひとりの妻に迎えたのです」

堂々と宣言する。

「ファイサル…」

毅然とした態度に、リーンの心は高鳴った。揺らいでいるのは自分だけで、彼はすでに心を決めているのだ。ファイサルが青い瞳で真っ直ぐに見つめてきた。あとは君の答えだけだ、と瞳が告げている。

私はファイサルの傍にいてもいいの？　私だけの王子様になってくれるの？

「でもっ、あなたは王子で…」

リーンがおどおどと下を向くと、頬にファイサルの手が触れた。見上げると、ファイサルがにやりと笑った。この笑いかたはよくない前兆だ。

「リーン、ここで塞いでほしいようだな」

皆の前で口づけすると言っているのだ。

「そっ、ダメっ。絶対にダメ！」

「ならば、二度と言うな」

もしも言ったら、と指で唇を突かれ、リーンは真っ赤になった。

「リーン、君は納得しているのかな」

嫌なら断ればいい。何があっても味方になると父は言っている。父の深い愛情に目頭が熱くなる。

「父様、私は…」

涙が溢れてくる。言葉にならなくて、こくりと頷くと、父はちょっぴり悲しげな顔をしてから、そうか、と優しく微笑んだ。

「あのやんちゃなファイサル様が伴侶を持たれるお齢になられたか」

アスアドが感慨深げに言った。ルゥルアは感激した様子で涙ぐんでいる。なのに、兄だけは腕を組んだまま首を傾げていた。

「なぁ、ファイサル。本当にリーンを嫁にするのか？」

丸く収まったところを荒らしにくる。

「ああ、お前が兄になるのは業腹だがな」

ファイサルが肩を竦める。

「そうか。だがなぁ、俺の記憶では、うちの妹はどうだって勧めた時、お前の妹なんかいらん、って言ってなかったか？」

「ええっ？」

リーンだけでなく、父もアスアドもルゥルアも声を上げ、一斉にファイサルを見た。

ファイサルは一瞬狼狽《ろうばい》し、鼻筋に皺を寄せて言った。

「ウサーマ、お前は空気を読むことをいい加減覚えろ！」


父と兄は、アスアドとルゥルアの元で養生を続けることになった。

ファイサルはアスアドをテントの外に連れ出し、事件のあらましを話した。リーンは自分のせいでルゥルアの身が危険に晒《さら》されたことを謝罪した。父と兄のラクダもアスアドのところにいたから、何から何まで世話になりっぱなしで申し訳なく思う。

アスアドは、ルゥルアが自分から探しに行くと言って出歩いていたのだし、無事に帰ってきたのだからと許してくれた。

「ニダールさんは心身共にお強いかただが、もう少し傷が癒えてからお話しになっては」

アスアドの助言もあったが、父には今回のことは時間を置いてから話すことにしていた。発端が自分の妻だったことや、イマームの邪《よこしま》な欲望に気づけず娘を危険に晒したことを悔いて、治癒が遅くなるかもしれないとアスアドも心配したのだ。

帰る前には、リーンの首の切り傷にアスアドが気づき、それができた原因を知ったファイサルが、今からあいつを殺しに行く、とラクダで走り出しそうになるのを引き留める一幕もあったけれど…。

アスアドとルゥルアに父と兄のことを頼み、リーンとファイサルは離宮に帰ってきた。なんと、アスアドのテントは、離宮の東側の目と鼻の先にあったのだ。

「ファイサル、見て。離宮に灯りがついてる」

塀沿いに正面に回ってくると、明かり取りの窓がいくつも四角く光っていた。ファイサルは、しまった、という顔をしたが灯りの理由は言わなかった。

固く閉じているはずの門が開かれていた。中に入ると離宮から十人ほどの年配の男女がわらわらと出てくる。

「王子ファイサル、お戻りなさいませ」

白髪頭の男が言うと、皆は一斉にアスアドがしたように膝をつき、両手を重ねて胸に当てた。

「ワリード、俺に礼は必要ない」

「そうはまいりません」

「兄上か」

「はい。陛下から言いつかりました」

ワリードは答えると頭を垂れた。

ファイサルは面倒そうな表情を浮かべているだけだったが、リーンはそれどころではなかった。ひどく場違いな場所にいるようで、思わず後退りする。

「リーン、どこへ行くつもりだ」

「あ、えっと、アスアドさんのテントに戻ろうかな…」

「何をバカな。ワリードも用が済んだのなら帰れ。リーンが怖がる」

ファイサルが跪《ひざまず》く人々をそのままに、リーンの手を引いて離宮の中へと入っていこうとすると、そうはまいりません、とワリードが進み出た。

「湯殿の用意が整っております。リーン様の湯浴みとお召し替えを」

「ああ、そうだな。リーン、一緒に入るか」

何をバカなことを言ってるの、と言う前に、

「ファイサル様、初夜の花嫁とは別がよろしいかと」

とワリードはとんでもないことを言い出した。

しっ、初夜？

「初夜はもう済んだ」

「さようでございましたか。それは失礼いたしました。そこまでは聞き及んでおりませんでしたので」

「いちいち兄上に報告するなよ」

やめてぇーっ！

リーンは真っ赤になってぷるぷる震えていた。恥ずかしくて顔が上げられない。だが、この後もっと恥ずかしいことが自分の身に起こることを、リーンは知らなかった。

「それではリーン様、この者がご案内いたします」

さっと二人の女性がリーンの右手と左手をそれぞれ取って、歩きだしてしまう。

「あのっ、え？　ちょっと待ってください。ファイサル？」

「行ってこい」

ファイサルは笑って手を振る。

「行ってこいって…」

「さあ、リーン様、こちらです」

それからリーンは、強引ではないけれど有無を言わさぬ年配の女性二人に湯殿に連れていかれ、身体中を洗われた挙句、香油を塗られて全身をマッサージされたのだ。

白い薄絹の部屋着を着せられるころにはくたくたになっていて、これはファイサルのお仕置きではないかと思った。

そんなリーンが、部屋着と羽織っているショールの長すぎる裾に何度もつまずきそうになりながら連れてこられたのは、四方八方が吹き抜けになっただだっ広い、豪華な部屋だった。

待っていたファイサルは青い衣装を身に着けていた。それはいつもとは違って金糸の刺繍が入ったもので、豪華な部屋に負けないほど美しく、ぼうっと見とれてしまった。

かっこいい…と呟くと、ファイサルはふっと笑った。

「リーン、きれいだ」

「これってお仕置きなの?」

嬉しそうに出迎えたファイサルに言った。

「ははん。身体を丸洗いされたんだろ」

恥ずかしいところまで丹念に洗われた。頷くと、俺もワリードに洗われた、とファイサルは笑った。

いろいろ話したいことがある、とファイサルに促され、リーンはクッションの上に座った。傍のテーブルには目にもきれいな料理が並べられている。

「食べながら聞いてくれ。ああ、ワリードたちは追いやった」

世話を焼きたがるので困ると肩を竦める。

ファイサルはやっぱり王子なのだと思った。

「王子だ、と思ってるだろう」

う、バレてる…。

「でも、王子様でしょ？」

「俺は王子ではない。疑いの目だな。本当だぞ。王族名簿には載っていない」

ファイサルの母は前王の愛妾だった。他国から来たファイサルの母は金髪でも瞳は茶色で、ファイサルを産んだものの金髪碧眼だったことから、後宮から放逐されたのだ。そんなファイサルと母の二人に手を差し伸べたのが、現国王、ファイサルの兄だった。

「愛妾に上がる時、身体は隅から隅まで調べられるらしい。後宮に入ってしまえばほかの男と通じる術もないし、俺は間違いなく前王の子供だ、というのが兄上の意見だ。俺にはどうでもいいことなんだが、不憫《ふびん》に思ったんだろう。王子の肩書をつけたのは兄上なんだ」

ファイサルには迷惑だったようだ。

「お兄さんって、王様でしょ？　王様になることは家業を継ぐって言わないと思うの」

カラムたちが変な顔をするはずだ。

「ほかに言いようがなかったんだ。お、これは旨いぞ。リーンも食べてみろ」

薄切り肉が盛られた皿から少し取って渡してくれる。

「ありがとう、あ、美味しい」

前国王は何百人もの愛妾を抱えていて、ご機嫌取りに攫ってきた娘を献上する者が後を絶たなかった。

「国内で人買いが横行していた原因が自分の父だということに、兄上は我慢できなかったんだ。だから、自ら精鋭を率いて人買いの撲滅に動いた、というのが、カラムから聞いた話だ」

「じゃあ、イマームが憎んでいた王子ファイサルって」

「兄上に散々邪魔されたんだろう。兄上は即位してすぐに後宮を廃止した。盗賊たちの間では、王子ファイサルの名前は禁句らしい」

ファイサルを若と呼ぶのは一番年少だったのと、生真面目なカラムがいつ王子ファイサルと口走ってしまうかわからないからだった。

苦肉の策だ、と聞いてリーンは笑った。

「ここは、兄上がくれた。俺が王宮には入りたがらないし、賞金稼ぎでふらふら暮らしているから、足かせにしようと思ったのかもしれん」

「えっ、ここってファイサルの家なの？」

「ああ。だが、ほったらかしにしていたら荒れてしまった。住みたいなら手を入れてもらうが……」

リーンはぶるぶると首を振った。

「だろう。俺もいらないんだが、兄上がなぁ」

ガミガミ口うるさいとは聞いていた。それは国王がファイサルを気に入っている証だ。

ファイサルもお兄さんが好きなのね。

ファイサルの心の内が手に取るようにわかる。だってうちと一緒なんだもん。

「今回のことも金になるぞと言われて仲間に入ったんだが、それはそれはこき使われた。家族をほったらかしにしていたタハルとカラムに比べたらマシだが」

彼らもようやく家に帰れるのだ。

ファイサルがグラスにミント水を注《つ》ぎ足してくれる。

「この料理もきれいで美味しい。でも……」

「山盛りになったヌーフの料理が食べたいんだろ」

二人は声を上げて笑った。

「君が無事でよかった。狙われている娘じゃないかと気づくのがもう少し早ければ、君もルウルアも怖い思いをせずに済んだのに」

首の傷にそっと触れる。

「痛くないのよ。ちょっと当たっただけだから」

リーンは早いうちからイマームの追手に狙われていたようだ。

「裏町でつけられている時から気づいていたが、俺もかなり悪党の恨みを買っているからな」

ファイサルは自分をつけているのだと思ったようだ。

「街中でも追われていたし、『ジンの岩山』に行った時もいた」

父や兄の件に絡んだことかもしれないと、そこまでは考慮したものの、リーンが獲物になっているとはまったく考えなかったのだ。

「君からイマームの話を聞いてから、少し考えが変わった」

賞金稼ぎや護衛の知り合いにも手を借りて、あちこちから情報を集め、シャムラン村にも調べに行かせたようだ。

「それで、君が狙われているとわかってあの家に戻ったら…」

すでにリーンは『ジンの岩山』に向かってしまっていたのだ。

「約束破ってごめんなさい」

あちこちに迷惑をかけまくったのだ。

「蜃気楼も捕まったし、こうしているのだからもういい」

ファイサルがデーツの実を口元に差し出す。リーンはあーんと口を開けそれを食べた。

「おいひ。賞金稼ぎってことは、兄様と会ったのも」

「ああ、仕事が一緒になって意気投合したんだ。リーン、すまなかった」

ファイサルが改まった様子で謝った。

「ウサーマに…、その、お前の妹なんかいらん、と言ったのは本当のことだ」

父には今日の件を伏せておくことにしたが、兄にも話さなかったのは、

「あれは本当に空気を読まないので、ぺらぺらとニダール殿にしゃべるに決まっている」

とファイサルが言ったからだ。

皆の前で暴露されたのがよほど堪えたのだろうが、リーンも異論はなかった。

「ウサーマはいいヤツだし親友でもあるが、大雑把というか、楽天家というか…」

兄が散々自分のことをファイサルに勧めていたのは事実のようだ。兄なりに妹の将来を心配してのことなのだろうが、リーン本人が忘れてしまっているようなことまでファイサルは知っていたりするから、リーンも兄を恨めしく思っている。

「ウサーマはああいう性格だろ。その妹が剣も使うじゃじゃ馬だと聞くと…」

尻込みするのもわかる。

あの性格はどこから来ているのかリーンにも謎だ。父は思慮深いし、いろんなことを教えてくれるけれど、どちらかといえば口は重い方だ。母は物静かで控え目な人だった。それは

母の身に起こった出来事がそうさせたのかもしれないが…。

「空気読みまくる人だった。なのに、どうして兄様はああなのかな」

「そこが彼のいいところでもある。俺が王子だということも黙っていたからな。ま、首と胴が離れるぞ、と脅したからだろうが」

兄はファイサルが王子だと知っていたようだ。離宮の王族に訴えに行くと言ったのは、ファイサルに相談して力を貸してもらうつもりだったのだろう。

「兄様は空気がまったく読めない上に、とってもウザいの」

リーンが憎々しげに言ったものだから、兄とはウザいものなのだろうよ、とファイサルが笑った。

「ファイサルのお母様はどうしているの？」

「母は南オアシスで食堂を営んでいたが、もう亡くなった。君のお母上も…」

「うん。寂しいね。お会いしたかったな」

「俺もだ」

「あ、母様のことを話さなきゃ」

母が他国から売られてきたこと。イマームから逃げ出して父と出会ったこと。イマームは母に執着しすぎて自分と母を混同していたことなどを話した。

「だから君にも執着したのか」

「おかしくなってしまったのね」

「そうか。だが、その気持ちはわからなくもない」

リーンは驚いた。ファイサルがそんなことを言うとは思わなかったのだ。

「君を初めて見た時、ウサーマが言っていたことは本当だったと思った」

「じゃじゃ馬だって言いたいんでしょ」

リーンが膨れると、ファイサルの手が頬に伸びてきて、ぶにっと摘まんだ。

「可愛くてきれいだと言ったことだ。確かに、あいつは嘘はつかない。君に一目惚《ひとめぼ》れした。だから婚約者だと言ったんだ」

ファイサルは照れ臭そうに言った。

「ファイサル」

胸がきゅっと切なくなって、リーンはファイサルの手に頬を寄せた。

「あの日、君を貶《おとし》めるようなことをしたのは、君が隠し事をしていたからだが、結婚話があると聞いて、頭に血が上った」

「あれは…」

「わかっている。あやふやなことで俺を煩わせたくなかったということは。すまない。あそこで我慢できなくなった。ウサーマからいろいろ聞いていたし、君のことをよく知っているつもりだったが、一緒にいればいるほど新しい君を知ってますます好きになった。リーンが欲しくて、ほかの男に渡したくなかった」

青い瞳が揺らいでいるのは…。

リーンの頬に涙が伝った。

「愛している、リーン」

「私も、私もファイサルが好き。初めて会った時から、ずっと」

二人の唇が重なった。


ファイサルに抱きかかえられ、リーンは褥《しとね》に運ばれた。

最初は手を引かれて歩いていたのだ。だが、裾を踏んづけて転びそうになって、リーンはやっぱり可愛い、と大笑いするファイサルに抱き上げられたのだ。

せっかくの雰囲気が台無しになってしまった。粗忽《そこつ》な自分が情けなくなったが、そんな君も好きだと言われ、偽りのない自分でいようと思った。

「この部屋は」

「気に入らないか？　ここが一番広いんだ」

リーンが連れてこられたのは、初めて離宮に泊まった時に覗いた大きな部屋だった。ランタンがいくつも吊るされているけれど、広すぎるから隅は暗い。

風が流れ込んでいて、ふわりと天蓋の布が揺れる。ファイサルの服を握り締めると、霊がいたら見せつけてやればいい、と笑う。

「もうっ」

天蓋付きの大きな寝台に座り、見つめ合って、口づけを交わす。

一度抱かれている。けれど、こうして改めてファイサルのものになるのだと思うと、胸がいっぱいになる。

互いの服を脱がせ合う。肩から滑り落ちる薄物が肌を舐めていくのが擽ったい。すぐ傍には見事な肢体のファイサルがいる。これからこの身体に抱かれるのだ。

きれい。

「きれいだ」

ファイサルの方がきれいだ、と言えば、ファイサルは盛大に噴き出した。

「どうして笑うの？」

「君は自分の価値をわかっていない」

裸になった身体を舐めるように見つめられる。それだけで、恥ずかしい場所が疼いてしまうのはどうしてなのだろう。

その不安を口にすると、ファイサルは零れんばかりの笑みを浮かべた。

「それは、君が俺を欲しがっている証拠だ」

ファイサルにゆっくり押し倒される。

すぐさま、互いの吐息を奪い合うように唇を吸って、舌を絡める。ファイサルの舌が歯の一本一本を確かめるように舐めていくのがむず痒い。

まだ不慣れだけれど、唾液を与え、与えられて、こくりと飲み込むことも、唇を食み、舌を絡め合うことも、ファイサルが望むようにリーンは応えた。

「もう尖っている」

乳首を指で弾かれ、リーンは甘い吐息を吐いた。ファイサルが言うように、ぷくっと立ち上がっている。

「恥ずかしいから見ないで」

両腕で胸を隠すと、ファイサルはにやりと笑った。

「触ってほしくないのか？　君はここがすごく感じるはずだ」

そうなのだ。指で摘まれたり、舌で舐められたりすると、たまらない快感がやってくるのだ。おずおずと腕を解くと、いい子だ、と乳房をすくい上げるように揉んで、ファイサルは乳首にしゃぶりついた。

「あぁぁ…」

ちゅっと吸って指で捏ねられると、もっと、というように胸を突き出してしまう。

「どうしてほしい？」

「触って」

「どこを？」

やっぱりファイサルは意地悪だ。

リーンが上目遣いで睨むと、楽しそうに笑う。

その顔はずるい。

口では言えないので、リーンはファイサルの手を乳房に運んだ。ファイサルはそれで満足したのか、きゅっと乳首をひねった。

「やぁん」

じわっと悦楽が全身に広がっていく。

尖りに絡みついてくるファイサルの舌が、捏ねる指が、リーンに絶え間なく快感を与える。両手は、乳房を撫でていたのに、今は肉の弾力を楽しむように揉んでいる。強く揉まれると痛みを伴うけれど、それすらも心地よく感じてしまう。

ファイサルはひとしきり乳房で遊ぶと、二の腕や脇に唇を這わせた。強く吸われると肌が引きつってちりっとした痛みが走り、白い肌に朱痕を残していく。どこもかしこも自分ものだと言うように甘嚙みされ、獣に食らい尽くされていくような気がする。

下草を擽り、するりと太腿を撫でるのは、足を広げるように促していることだとわかる。

けれど…。

「いやっ」

できるわけがない。リーンは太腿を固く閉じた。

すでに下腹の疼きは我慢できないほどになっていて、蜜壺にはたっぷりと蜜が蓄えられている。それは今にも零れそうで、でも、いやらしい身体だと思われたくないのだ。

「見せてくれ」

リーンは頭を振った。

「俺が欲しくないのか？」

ファイサルに愛されたい思いと、羞恥とを比べ…。

「できないよ」

「それは残念」

ファイサルはがっかりした様子もなく、リーンの叢を弄んでいる。

ファイサルの長い指が割れ目を縫って花芽を突く。

「ん…っ」

幾度も繰り返されると、閉じていた太腿が緩んできてしまう。快楽を知っている身体は、次の悦びを求めてしまう。

触れてほしい。ぬめった蜜の中をかき回してほしい。

ファイサルの手が緩んだ太腿の間にするりと入り込み、そっと押し広げようとするけれど、無理やり広げようとはしない。きっと、強引に身体を拓《ひら》こうとしたことを悔いているのだ。

優しい人。

ファイサルが愛おしくてたまらなくなる。

とろりと蜜が滴った。

こんなにも好きなのに、バカだと思った。身体は素直に認めているのに、どうして意地を張っているのか。

リーンは自ら足を広げ、秘めたる場所を露にした。

「見てほしいのか？」

知ってほしかった。ファイサルを愛していること。言葉だけでなく、身体もファイサルを求めていることを。

「朝露で濡れた花のようだ」

「そんなこと言わなくてもいいの」

「きれいだぞ。もっと大きく広げて俺に見せてくれ」

リーンは膝を曲げてさらに足を広げた。羞恥で気を失いそうなのに、こんな大胆なことができるとは思わなかった。

だって、ファイサルが大好きなんだもの。

「あぁ…」

「また溢れてきた。見られて感じているのか?」

「いやぁ」

ファイサルは指で蜜をすくうと、味見をするようにぺろりと舐め、リーンの秘めたる場所に顔を埋めた。びちゃりと音を立てて、ファイサルが蜜を舐め取っていく。

「ひっ」

指で花芽を嬲り、蜜壺を舌で抉られて、リーンは嬌声を上げた。たまらない愉悦に、リーンは眉根を寄せて髪を振り乱す。一度知ってしまった快楽を求めて、秘部が怪しい生き物のように痙攣《けいれん》すると、ファイサルがつぷっと指を突き入れた。

「ああん」

卑猥な音がリーンの耳を苛み、秘部が呼応するかのように蠢いてファイサルの指を飲み込んでいく。

「俺の指を食いちぎらないでくれ」

「しないっ、そ、な、くぅ…」

「なんていやらしいんだ」

指が増やされ、肉筒の中で暴れだす。

「ああっ、ふ…、ぅ…んっ」

ファイサルの指が激しく出し入れされて、指先が肉の襞を抉っていく。リーンは両手で寝台に敷かれた白布を握り締めた。

「やっ、あっ、なにっ！　ひいっ、ぁぁ」

悦楽の泉で溺れてしまいそうだ。苦しくて、目の前がチカチカする。けれど、もっと激しく擦られたくて…。

リーンの秘部は主の意に沿うかのごとく、ファイサルの指を喰らう。

「期待に応えなければな」

ファイサルの指がより速く動き、リーンを悦楽の高みへ誘《いざな》う。

ふっと世界が変わった。リーンは大きく仰け反って、弛緩《しかん》したように寝台に身体を預ける。

「指だけで達したのか」

心臓が早鐘を打っていた。どくどくと全身に音が鳴り響いている。

「ファイサル、私…死んじゃう？」

「気持ちよかったか？」

「わかんない。目の前がぐちゃぐちゃになって、ふわっとして…でも、眠い…」

褥に身体が溶け込んでしまいそうだ。

「こら、俺を置いていくのか？」

ファイサルの手に導かれて熱いものに触れた。それは、昂《たか》ぶった分身だった。手を引こうとすると押しつけられる。叢に埋もれていたそれが脈打ち、掲げた剣のように、凜々《りり》しく天を突いている。

蜜壺と対を成す、ファイサルの欲望。

ファイサルを置き去りにして、自分だけ達してしまったらしい。リーンにはその意味がよくわからなかったけれど、ならば、自分がファイサルを連れていけばいいのだと思う。

「じゃあ、私も」

昂ぶりを手に擦りつけられたリーンは身を起こすと、脈打つ肉棒に唇を寄せて先端から滲む蜜を舐め取った。ファイサルがしてくれたように自分も同じことをすれば、彼も気持ちよくなれると思ったのだ。

「リーン？」

ファイサルの身体がびくっと動いた。驚いたようだったが、リーンの頭を撫でて顎の下を擽るように指先を滑らせた。顔を上げると、そのまま指先で唇をなぞる。

「君の口で、俺を気持ちよくしてくれ」

「どうすればいいの？」

リーンはファイサルに言われたとおり、股間に顔を埋めて彼の欲望を愛撫しながら舌を絡めた。口をいっぱいに開けて口腔に収め、唇で食み、ファイサルが蜜壺に与えてくれたように、彼にも快感をもたらそうと努める。蒸れた金の叢が触れて擽ったい。

「ん……」

ファイサルが吐息を吐く。昂ぶりを咥えたまま見上げると、青い瞳が見下ろしていた。唇をすぼめると、ファイサルは眉を歪め、そっと息を吐いている。

気持ちいいの？

リーンは嬉しくなった。何も言わないけれど、ファイサルは悦んでいるのだと思った。もっと気持ちよく、もっと感じるように。

昂ぶりから滲み出る蜜を吸い取っていると、秘部が疼いて仕方がなくなってくる。唇から唾液が滴って、白布まで糸を引いていた。頭を上下して欲望に刺激を与えると、昂ぶりはさらに大きくなって、口の中はファイサルで埋め尽くされる。

いきなり頭を摑まれ、ずるりと欲望が引き出される。

気持ちよくなかったの？

ランタンの灯りに照らされた昂ぶりはぬらぬら光って、愛撫を待っているのだ。

「そんな顔をするな。おもちゃを取られた子供みたいだぞ」

そんなことないもん、と不満を口にする前に、ファイサルはリーンの唇を指で拭って顔を近づける。

「これで中を突いてほしくないのか？　欲しいだろ？」

身体が応えるように震えた。あの大きなもので疼きを静めてほしい。瞬く青い瞳をうっとりと見上げる。魔物に魅入られたようにふらりと近づくと、ファイサルに口づけた。ファイサルが応えるように貪りながら、リーンを押し倒して両足を左右に広げると身体が重なり、灼熱《しゃくねつ》がリーンの下草を焦がす。

「ファイサル」

ねだるように名を呼べば、疼くあの場所に分身があてがわれる。ああ、と歓喜ともため息ともつかない声を上げると、昂ぶったそれが押し入ってきた。

「はぅ…、ぁぁ…、くっ」

痛みに固く目を閉じる。ずぶずぶと肉筒を広げて進んでくる分身を受け入れるたび、この痛みに耐えなければならないのだろうか。最奥まで達して、リーンは息を吐いた。呼吸を繰り返すように何度も言われたけれど、上手くできていたのかわからない。

「痛い…」

涙目で訴えると、いずれ痛くなくなる、とファイサルは教えてくれた。

「いずれって？」

「君が毎日こうしてくれれば、すぐにでも」

「毎日なんて無理」

「俺は毎日リーンの中に入りたい」

ずるずると昂ぶりが引き出され、すぐに押し入ってくる。

「いやぁぁ…、あぁぁ、ファイサル」

ぐうっと内臓が押し上げられ、昂ぶりが出ていくと、一緒に引きずり出されていくようだ。ファイサルは小刻みに出し入れを繰り返し、リーンの身体が跳ねるところばかり突いてくる。

「あんっ、やっ、そこ…、そこはもうっ」

「ならば、こちらはどうだ」

ファイサルが灼熱でリーンの身体を貫く。最奥までずんっと突き入れられて、リーンは声も出なかった。きゅっと秘部が収縮してファイサルの昂ぶりを締めつける。

「くぅ…、くそっ、なんて…」

ファイサルが悔しげに言って、腰を掴んでさらに激しく動きだす。

「あぁっ、ファイ……、や、こわ、い。ダメっ！　変にな、ちゃ…」

身体がどこかへ飛ばされていきそうだ。

「変になれ！　もっと」

乳房が揺れ、白布の上をシドルハニーの髪がのたくる。

「いいんだろ？」

「いいっ！　いいのっ、ファイサル！」

目の前が霞んでくる。指でされた時など比べ物にならないほどの快感がリーンに襲いかかってくる。荒い息遣いのファイサルの汗がリーンの肌に降り注ぐ。痛みなどとうに消えて、今度こそ、悦楽の泉で溺れそうだ。

「もっとか？　どこを突いてほしい？」

「奥、もっと、おくぅ！」

そう叫ぶと、リーンの身体を抱き締めたファイサルの動きがさらに増し、最奥を突き抜けんばかりの強さで突いてくる。リーンの蜜壺はそんな分身に絡みついて締めつける。

「いいっ、あっ、ファイサルっ」

「リーン、最高だ」

二人はひとつになって、高みへと昇っていく。

ふわりと身体が浮いたような気がした。どこかへ一気に引っ張られていくようで、リーンはファイサルにしがみつく。

「うっ…」

ファイサルの白濁がリーンの最奥を打った時、リーンの意識は途切れていた。

耳が擽ったい。何かが耳朶を這っている。

「ん…？」

「戻ったか？」

目を開けると、青い瞳が見えた。

「ファイ…サル」

名を呼ぶと、今度は父様じゃないんだな、と笑った。

「ん、もうっ…え、ひゃっ」

リーンは身体の中の違和感に気づいた。

胡坐をかいて座ったファイサルの胸に抱かれているのだが、リーンはファイサルの胴を挟むように足を広げて座っていて、下肢は繋がったままだったのだ。

リーンが動くと中のファイサルがむくむくと大きくなる。

「ファイサル、んん…っ　中にまだ…」

そうだな、と言って腰を突き上げる。

「やっ、やぁ…ああんっ」

「嫌だと言う割に、俺に絡みついているぞ」

「知らな、いっ…、わかんない！」

座っているので昂ぶりの先端はすでに最奥を突いていて、そこから突き上げられると、リーンをあっさり愉悦の世界へ引きずり込む。

リーンはファイサルの身体にしがみつき、腰に足を巻きつけ、緩急をつけた動きに腰を揺らす。それは無意識の行動だったが、ファイサルを喜ばせた。

身体中が敏感になっていて、背中を撫でられただけでリーンは達し、それに引きずられるようにファイサルも達したようだ。

「くそっ。やられた」

ずるりと分身が出ていく。

とろりとした目でファイサルを見ると、悪戯っ子の顔をしたファイサルがいた。ぼやけた頭でも、これは危険だとリーンは思った。力の入らない身体で逃げようとすると、背後から伸びてきた手があっさりリーンの腰を掴まえる。

「俺が椅子になってやる。しばらくこうして休んでいよう」

ファイサルにもたれかかると、腰にファイサルの分身がいた。今は少し力なく萎《しお》れているようだ。

二回も愛されて、リーンは夢現《ゆめうつつ》だった。感じすぎてなのか、眠気からなのか。

項に口づけられ、擽ったくって肩を竦めると、腰を掴んでいた手が肌を撫でて滑り、乳房を掴んだ。

「あんっ」

「可愛い声だ」

耳朶を食みながら、乳房を揉まれる。

「いやぁん。ぁぁぁ、休もうって、言った…」

「ひとつになっていないだろ」

「そっ、ひぃっ！」

赤く熟した乳首を捏ねられて、リーンは仰け反った。

「いいんだろ？　君はここを触られるのが好きだから」

「痛いの」

「痛いだけか？」

痛みの後の快感に悶えてしまい、リーンは身体をびくびくと跳ねさせた。

「こっちも好きだった」

叢に隠れた花芽にまで手を伸ばされて、リーンは嬌声を上げる。

「淫らな身体だ」

身体を嬲られ、淫らだと言われたリーンは泣きだした。

「ちが、もん。嫌い、意地悪ば、かり」

「淫らな君はきれいで可愛い」

きれいで可愛い。ファイサルはいつも言ってくれた。

「ほんと…？　ぁあ…、手を、とめて」

「愛してる。きれいで可愛くて、淫らで。俺だけに見せてくれ。もっと淫らな身体になって乱れた姿を」

「変じゃ…ない？　やぁん、そこは、っ」

「こんな君を知っているのは俺だけだ」

「でも、もう無理。もう、弄らないで」

「ああ、わかったよ。俺だけの淫らなリーン」

「ファイサル。好き、愛してるの」

憧れの王子様が、本当の王子様で、自分だけの王子様になってくれたのだ。

「俺も愛してる。君の虜《とりこ》だ」

「ファイサル…」

嬉しくて、幸せで、背後から覗き込んでくる青い瞳をうっとり見上げると、ファイサルがにんまり笑った。

「ってことで、休憩終わり」

「…え？」

とんと背中を突かれ、リーンは前のめりになって白布に手を突く。

「ここからはお仕置きだ。俺を心配させた罰」

やられた、と思った。

「騙したの？」

四つん這いで広い寝台の上を逃げようとするが、あっさり足首を摑まれ、リーンはつんのめるように上体を白布に伏せた。

「嘘はついていないぞ。淫らな君が欲しい。ああ、いい眺めだ」

尻を突き上げたリーンの秘めたる場所は、ファイサルに丸見えになっている。

「やっ！」

愛された身体は弛緩して思うように動かない。もたもたしているうちに、ファイサルの指がつぷっと蜜壺に入り込んでくる。

「ひぃっ」

リーンはがくがくと身体を震わせた。

「まだ足りないみたいだな」

灼熱の剣に貫かれていた肉筒は過敏になっている。とろけた秘部は些細な刺激にも過剰に反応して、ファイサルの指を締めつける。

「君のここは食い意地が張っている」

「やだっ！　ちがっ、ああっ、やぁ…ぁぁ」

肉の壁はリーンの意思を無視してファイサルの指を締めつけつつ、身体の奥へ奥へと誘い込む。

「ほら、指が飲み込まれていくぞ。もっと欲しいんだろ？」

「いらな、ひい…っ」

「そうか？」

中をかき混ぜられると、淫らな欲望が頭をもたげてくる。

「やめて…っ、ファイサ…あんっ」

「ほら、もっとしっかり腰を上げるんだ」

尻から太腿にかけて撫でられ、指を食んでいる肉筒がひくひくと蠢いた。擽ったさに加えて痺《しび》れるような感覚が襲ってきて、産毛に触れられただけで感じてしまう。

抵抗しようと身を捩ったリーンは、下肢から襲いくる快感に嬌声を上げた。身体の中にいるファイサルの指が肉の壁を抉ったのだ。

「こうしてほしかったんだろ？」

「ひぅっ、そこはっ、いやぁあぁぁぁん…んっ！」

指を増やしてファイサルが肉壁を削りだす。

「…おかしくなちゃ…うぅぅ…。やめてぇ」

「お仕置きだと言っただろう？」

太腿を撫でていた手が脇腹をせり上がっていく。ぞくぞくした快感にリーンは猫が伸びをするように身を仰け反らせると、きゅっと乳首をつねられた。

「ひぃぃぃっ！」

「本当にここを弄られるのが好きだな。もっと弄ってほしいのか」

える。

「君の下の口は正直だぞ。俺の指を食いちぎりそうだ」

感じる場所ばかり弄ばれて、リーンは髪を振り乱した。太腿が痙攣するようにぷるぷる震
「ちがっ…ぁ！　あぁぁん」

「もぉ、許してぇ」

疲れ果てているのに、意思を無視して身体が勝手に快感を貪り始めた。

「中が蠢いている。なんていやらしい身体だ」

「やぁぁ……、そんな、こと…」

「もっと弄ってほしいんだな」

ファイサルにぐちゅぐちゅと音を立てて蜜壺をかき混ぜられると、リーンは恥ずかしい格
好のまま、指の動きに合わせて腰をくねらせてしまう。

「あんっ…、も、いやぁん！　だめっ、ファイサル！」

「尻を振って嫌だと言っても、信じられないな」

「ばかぁっ！　あぁぁん、やぁぁ…」

辱めるようなことを言われても、ファイサルの指の動きに合わせてねだるように尻を揺ら
してしまう。

身体の熱は再び燃え上がり、蜜壺の奥が疼いてしょうがない。

「くぅぅぅ…」

白布を握り締めて身悶えると、指が引き抜かれ、背後から熱くたぎった塊が太腿に擦りつけられた。身体の疼きを静めてくれるファイサルの昂ぶりだ。

「あぁぁ、ファイサル」

リーンは尻を突き出して待った。なのに、ファイサルの分身は蜜壺を通り過ぎ、張り出した先端で花びらや花芽をいじくって二人の蜜を混ぜ、にちゅにちゅと恥ずかしい音を部屋に響かせるだけだ。

「私、もう…」

「もう？」

「お願い…」

「なにを？」

「ぅぅぅ…、も、許して、ファイサル」

こんなお仕置きなんてあんまりだ。

「愛してるって、言ったのに」

「愛しているからさ。もう二度と心配させないと約束するか？」

こくこくと頷く。

「本当に？」

「する。約束する。だから…」

「俺が欲しいか？」

「欲しいの！」

一気に昂ぶりが埋められた。

「は……くっ！」

リーンの身体は歓喜に震え、目の前が真っ白になった。

獣のように背後から犯され、灼熱の塊に散々突かれる。

息も絶え絶えになって膝を立てていられなくなると、そのまま今度は再びファイサルの上に座って下から突き上げられた。

折れることのない剣に串刺しになりながら、花芽や乳首を弄られて、リーンは朦朧《もうろう》としたまま何度も達した。

お仕置きなのに、もっと弄って、もっと奥まで、リーンはそう叫んでいたかもしれない。

自分がどんな姿で何をしているかなんて、わかっていなかった。

父は順調に回復している。アスアドの許可が下り、ファイサルが一連の事件を父に話しに行った。リーンも一緒に行きたかったが、ニダール殿が君に負い目を感じるかもしれない、とファイサルに言われたのと、リーンも父に謝られるのは嫌だったので、ファイサルに任せたのだ。

話を聞いた父はかなり驚いたようだった。リーンもイマームから聞くまでは、まさか、母が事件の引き金になっているとは思いもしなかったから。

イマームがどうして母を見つけられなかったのか。

それは、父に助けられた母は、父が護衛していた隊商と共に隣国へ向かって、すぐにマクドゥを離れたからだった。

隊商の旅は厳しいものだ。弱った母を連れての旅は難儀する。母をどこかに預けようと父は考えていたが、母はどうしても父から離れたがらなかった。人買いに追われていることも考え、父としては仕方なく連れていったようだ。

隊商の一団には、隣国へ出稼ぎに行く舞踊団も庇護《ひご》を求めて加わっていたのが母には幸いした。彼女たちは母の境遇に甚《いた》く同情し、かいがいしく母の世話を焼いてくれた。母はその女性たちに紛れ、表に出ないようにして旅を続けたのだ。

マクドゥに戻ってきたのは一年半後。父と母は旅の間に結ばれて、シャムラン村で暮らし始めた。

父が語ったのは、母の物語とは少し違っていたけれど、母の一途《いちず》な思いを、父が受け止めたのだ。

母様の物語も素敵だったけど、私の物語も素敵だと思うんだけど…。

自分に娘ができたら、母の物語と一緒に語ってあげたいと思う。

父は自分で歩けるようになっていた。いつかまた剣の稽古をつけてもらえるだろう。父が命を取り留めたのは、母が力を貸してくれたからかもしれない。

あ、兄様ね。兄様は無駄に元気。気になるのは…。

ルゥルアが兄を好きなようなのだ。恋は盲目と誰かが言ったそうだが、いったいどこがいいのか首を傾げたくなる。兄もまんざらじゃないようだ。ルゥルアはとてもいい娘なので、やめた方がいいと助言すべきか悩んでいる。

クタイバとディヤーブは捕まった。父と兄を刺した理由はイマームへの借金だった。幼い娘を奪われて、やむにやまれずにしたようだ。二人の刑は父の口添えで軽くなった。殺されかけたのに、と思わなくもないが、娘を人質に取られたと聞いて同情したのだろう。ファイサルたちの捜索で、幼い娘たちは無事、家に帰された。

王子ファイサルの名を出したのは、王族絡みになれば、二人を捜索しないと思ったからのようだ。なぜほかの王子でなくファイサルだったかというと、現国王の名で、同じ名の王子がひとりくらいいるだろうと思ったからだった。ガニーの言った、人混みに石、の理論だ。

イマームの魔の手は役人の間にも伸びていたようだ。シャムラン村に来た増税の通達はイマームの息のかかった役人によって偽造されたものだった。これを知った国王は激怒して、全土で内部調査を始めるらしい。

国王様といえば…。

離宮にワリードたちを送り込んできたのは、リーンが離宮に忍び込んだ翌日、ファイサルに婚約者ができたとカラムが鳩で報告書を送ったからだった。婚約者だと、これは一大事、と荒れた離宮を美しくするために、引退して東オアシスで暮らす王宮の侍従や侍女を再仕官させたのだ。特にワリードは、ファイサルに行儀作法を教えた教師でもあったようで、ファイサルは苦手にしているようだが、リーンは好きだった。

田舎の村娘にも丁寧に接してくれる、侍従の鑑《かがみ》のような人なのだ。

「ファイサル、起きてよ」

「んー、リーン」

ファイサルを起こすと、寝床に引っ張り込まれそうになる。私は引きずり込まれないよう寝台の端に足をかけて踏ん張った。

私とファイサルはエランの街のあの家で暮らしている。あの家はカラムさんたち精鋭部隊のために用意された家だったけど、街中で怪しげな男が頻繁に出入りすると噂になり、離宮に移ってから、たまに利用するだけで空き家同然だった。

二人で暮らすために必要なものを買い足して、なかなか快適な家になったの。ファイサルが最初に高価な寝台を買ったのには納得できていないけど。

足りない掃除道具と鍋が欲しかったのに。

離宮は週に一泊だけする。復帰したワリードたちはいきいきと働いているから、汚しに行くのが年配者への労《いた》わりだ、とファイサルが言うから。

行くのはいいの。いいんだけど…。

寝台の白布を汚しに行くようなものなので、恥ずかしい。

ファイサルはまったく気にしていないの。こういうとこ、意味不明。

ファイサルは賞金稼ぎをしながら蜃気楼の被害者捜索を続けている。捜索部隊は解散し、ほかの機関が引き継ぐことになっていたのに、勝手に国王軍を動かした罰として、あと一年間ファイサルは働かなければならなくなっちゃった。

それについては申し訳なく思っているけれど、軍を動かしたのはファイサルだからね。

兄の嫌がらせだとファイサルは憤慨してた。国王様はファイサルを手元に置けないのなら、どんな形でも繫がっていたいんだと思う。たとえ、ファイサルに嫌がらせだと思われても。

兄様とファイサルと国王様って同じ人種の匂いがする。

捜索部隊の面々だけど、カラムさんは国王軍の重鎮だそうで、南オアシスで元の地位に戻っている。近衛《このえ》の指揮官だったタハルさんは、この機会に引退して家に帰った。

けど、近々こっちを手伝いに来るんだって。会えるのが楽しみ。

「ガニーさんたちが来るってば。ちょっ、どこ触ってんの。ファイサル！　起きてよ」

ガニーさんとヌーフさんはファイサルを手伝っている。というよりも、元々国王軍でカラムさんの下にいたのだけど除隊して、護衛や賞金稼ぎのお気楽な生活に移ったのだ。二人は今の暮らしをものすごく満喫している。

私もヌーフさんの料理が時々食べられるから、嬉しい。

それから、私はあのお世話になった宿屋の食堂で働いてる。おかみさんにラクダを預かってもらっていたお礼に行って、駆け落ちはしていないし、貴族ではなくて村娘なのだと謝ったら、その場で誘われたの。

この後、洗濯物を干して、ファイサルを送り出したら仕事に行くの。

だから……。

「ファイサル！　起きてってば」

「あ、……あー、うん」

なんとか引っ張り起こす。ぼーっとしたファイサルの顔を見るのも幸せだ。すぐに起きないのは、私に甘えてくれているから。

ふわふわと浮いている金髪を撫で、母が父にしていたように、ちゅっと口づける。

「おはよう、私の王子様」

あとがき

こんにちは。真下咲良です。

『理想の王子様とはちょっと違うの～砂漠の恋の一期一会～』をお手に取ってくださり、誠にありがとうございます。

お転婆のヒロインと、ヒロインの理想とはちょっと違うヒーロー王子、いかがだったでしょうか。

主人公が手にするのはシャムシール。シャムシールはペルシャの刀剣の総称で、ライオンの尻尾という意味です。かっこいいですね。

刀と剣は、片刃か両刃かでざっくり分けるようで、片刃で反りのあるものを彎刀、両刃で真っ直ぐなものを直刀と呼び、シャムシールは彎刀の仲間に分類されています。

お話の中では「剣」の漢字を使用しましたが、日本刀と同じ「刀」になるようですね。

刀剣は不思議な魅力があります。形や長さや製造方法などで細かく分類され、多種多様な刀剣の歴史には諸説あって、調べるとキリがありません。刀剣女子が増えるのも納得です。

さて、今回のイラストは炎かりよ先生にお願いしました。

華麗なイラストをありがとうございます。いつも中途半端な説明で丸投げしてすみません。おっさん率の高いお話にも対応していただき、感謝感激です。またご一緒できたら嬉しいです。

担当様にもお世話になりました。お疲れ気味なので癒しが訪れることを祈っています。

この本に携わってくださった方々にもお礼申し上げます。

もちろん、読者の皆様にも感謝を。

ラクダって馬と同じくらいのスピードで走るんですよ！

私も走るべきか。引きこもりで三キロ太った、です。

真下咲良

真下咲良先生、炎かりよ先生へのお便り、
本作品に関するご意見、ご感想などは
〒101-8405
東京都千代田区神田三崎町2-18-11
二見書房　ハニー文庫
「理想の王子様とはちょっと違うの～砂漠の恋の一期一会～」係まで。

本作品は書き下ろしです

Honey Novel

理想《りそう》の王子様《おうじさま》とはちょっと違《ちが》うの
～砂漠《さばく》の恋《こい》の一期一会《いちごいちえ》～

2021年 9月10日　初版発行

【著者】真下咲良《ましたさくら》

【発行所】株式会社二見書房
東京都千代田区神田三崎町2-18-11
電話　03(3515)2311[営業]
　　　03(3515)2314[編集]
振替　00170-4-2639
【印刷】株式会社 堀内印刷所
【製本】株式会社 村上製本所

ISBN978-4-576-21123-7

https://honey.futami.co.jp/

真下咲良の本

気になる貴公子は神出鬼没!?

イラスト=炎 かりよ

大国の四姫エルゼは裁縫が趣味の引きこもり。庶子ゆえ結婚は無理と諦めていた矢先、
野性味溢れる謎の貴公子に突然求婚されて…!?

甘くとろける蜜の恋☆濃蜜乙女レーベル
Honey Novel

真下咲良の本

ポイズン公爵のメシマズ嫁

イラスト=炎かりよ

国の料理検定に臨んだ料理好きの令嬢ヒルデリカ。だが彼女はメシマズだった!
騒然とする場に現れたのは王の毒見役ローエン公爵で…。